Raum und Geschlecht

Studien zum Theater, Film und Fernsehen
Hrsg. von Renate Möhrmann
Wissenschaftliche Mitarbeiterinnen:
Sabine Gottgetreu und Lisa Gotto

Band 37

Peter Lang
Frankfurt am Main · Berlin · Bern · Bruxelles · New York · Oxford · Wien

Amelie Soyka

Raum und Geschlecht

Frauen im Road Movie der 90er Jahre

Peter Lang
Europäischer Verlag der Wissenschaften

Die Deutsche Bibliothek - CIP-Einheitsaufnahme

Soyka, Amelie :

Raum und Geschlecht : Frauen im Road Movie der 90er Jahre /
Amelie Soyka. - Frankfurt am Main ; Berlin ; Bern ; Bruxelles ;
New York ; Oxford ; Wien : Lang, 2002
  (Studien zum Theater, Film und Fernsehen ; Bd. 37)
ISBN 3-631-38413-0

Gedruckt auf alterungsbeständigem,
säurefreiem Papier.

ISSN 0721-4162
ISBN 3-631-38413-0
© Peter Lang GmbH
Europäischer Verlag der Wissenschaften
Frankfurt am Main 2002
Alle Rechte vorbehalten.

Das Werk einschließlich aller seiner Teile ist urheberrechtlich
geschützt. Jede Verwertung außerhalb der engen Grenzen des
Urheberrechtsgesetzes ist ohne Zustimmung des Verlages
unzulässig und strafbar. Das gilt insbesondere für
Vervielfältigungen, Übersetzungen, Mikroverfilmungen und die
Einspeicherung und Verarbeitung in elektronischen Systemen.

Printed in Germany 1 2 3 4 6 7

www.peterlang.de

**Studien zum
Theater, Film und Fernsehen
Herausgegeben von Renate Möhrmann**

Die 1982 gegründete Schriftenreihe „Studien zum Theater, Film und Fernsehen" ist gedacht als ein Forum zur Veröffentlichung von Neuerscheinungen, die Anstöße zur Weiterentwicklung dieser Bereiche geben. Sie ist als ein Unternehmen geplant, das den schillernden Gegenstandsbereich von Theater, Film und Fernsehen durch eine Vielzahl unterschiedlicher methodischer Vorgehensweisen und inhaltlicher Akzentsetzungen in seiner ganzen Komplexität deutlich macht.
Obgleich seit etwa Mitte der 70er Jahre in der Mehrzahl der westdeutschen Hochschulen in zunehmendem Maße Veranstaltungen zum Theater, Film und Fernsehen angeboten werden, gibt es bislang keine kontinuierliche Schriftenreihe hierzu. Diesem Defizit möchten die vorliegenden Studien entgegenwirken. Sie wollen die unterschiedlichen und zum Teil noch recht diskontinuierlichen medienwissenschaftlichen Ansätze auffangen und in einen größeren theoretischen Zusammenhang stellen. So werden die einzelnen Arbeiten gleichsam als Bausteine fungieren, die in ihrer Gesamtheit den Forschungsgegenstand der Theater-, Film- und Fernsehwissenschaft widerspiegeln sollen.

Renate Möhrmann, Herausgeberin

Für meine Großmutter,
die mich das Reisen lehrte,

und für meine Eltern,
die mich reisen lassen.

Vorwort der Herausgeberin

Raum und Geschlecht stehen in einem hochbrisanten Kausalzusammenhang. Männerräume sind keine Frauenräume. Das hatte schon Virginia Woolf erfahren müssen, als sie versuchte, in die Bibliothek eines englischen College zu gelangen, und dieser Versuch sofort durch den Verweis eines Aufsicht führenden Mannes vereitelt wurde, der besagte, dass Damen nur in Begleitung von Kollegenmitgliedern oder eines Empfehlungsschreibens die Räume der Wissenschaft betreten dürften.

Auch wenn Universitäten und Bibliotheken inzwischen beiden Geschlechtern offenstehen, so gilt dies noch lange nicht für alle Orte. Die Trennung der Lebensräume in öffentliche und private, das heißt in männliche und weibliche Aktionsfelder, findet sich immer noch im Genre-Kino. Der Western, mit männlicher Hauptbesetzung, für die Herren der Schöpfung, die hinaus in die Welt streben, das Melodram, mit einem weiblichen Personenarsenal, für das ‚andere Geschlecht‘, das daheim am Herd bleibt.

Die junge Filmwissenschaftlerin Amelie Soyka unternimmt den spannenden Versuch, das Road Movie als Raum Movie zu untersuchen und der Neubesetzung des Buddy-Paars durch Frauen nachzugehen. Einen entscheidenden Wendepunkt in der Geschichte des Road Movies erkennt sie in Ridley Scotts Film *Thelma & Louise* aus dem Jahr 1991. Hier überschreiten Frauen erstmals die bisher im Genre geltenden geschlechtsspezifischen Rollenstereotypen, agieren außerhalb des Codes weiblicher Darstellung, indem sie sich die Kontrolle über ein Machtsymbol – das Auto – aneignen, nicht um zum Einkaufen um die Ecke zu fahren, wie Soyka hervorhebt, sondern um sich einen neuen Lebensraum zu erobern.

So weit, so befreiend. Doch stellt Soyka auch die Frage nach dem Ende der Geschichte. Wie geht das Genre im Finalbild mit den beiden Ausreißerinnen um? Hat sich der Aufbruch in die Freiheit gelohnt? Hier zeigen sich die eng gezogenen Grenzen des Road Movies. Die weibliche Raumüberschreitung führt nicht zum Ziel. Im Gegenteil. Sie wird bestraft. Thelmas und Louises Reise endet im Tod. Aber auch dort, wo die neuen Heldinnen nicht sterben müssen, wie Darly und Marianne in Edward Zwicks *Leaving Normal,* gelingt die Überschreitung der Raum-Genderkonventionen nicht. Am Ende steht die Bewegung zurück vom Außenraum in den Innenraum, von der Straße über die Türschwelle ins Heim.

Und dennoch: für das heutige Kino-erfahrene Publikum, das gegen die gängigen Genrekonventionen zu sehen versteht, eine spannende Reise, die von Amelie Soyka spannend analysiert wird.

Renate Möhrmann   Bonn, 2001

Danksagung

Von ganzem Herzen danken möchte ich meinen wunderbaren Lektorinnen Julia Zeh und Jutta Person, die mit ihrer Kritik wesentlich zur Vollendung der Arbeit beigetragen haben, Patrick Grabolle für die unermüdliche fernmündliche Betreuung und allen, die mich in der turbulenten Zeit unterstützt haben. Ich danke Dr. Sabine Gottgetreu für ihre wertvollen Ratschläge kurz vor Schluss und Prof. Renate Möhrmann für die Ermutigung zu dieser Publikation. Außerdem danke ich Erika Morgenstern, die mir als Einstimmung auf das Thema meine erste Amerikareise ermöglichte und begleitete.

Inhalt

1.	Start Moving – Einleitung	1
2.	Das Road Movie	7
2.1	Genre	7
2.1.1	Narrative Elemente und historische Entwicklung	7
2.1.2	The Journey Is the Thing – Die Narration	8
2.1.3	Die Tradition des Westerns	11
2.1.3.1	Western, Westen und die amerikanische (Leinwand-) Landschaft	11
2.1.3.2	Der Ort der Frau in Weste(r)n und Landschaft	14
Exkurs	Weltseyn versus Hausseyn	15
2.2	Road Movie als Raum Movie	24
2.2.1	The Great American Two Lane Blacktop – Die Straße	24
2.2.2	Motionless in Motion – Das Automobil	27
2.2.3	Home Is Where the Good Things Are – Heim und Heimatland	30
2.2.4	Der Ort der Frau im Raum Movie	32
2.3	Who Takes Over the Driver's Seat? – Helden und Heldinnen im Road Movie	34
2.3.1	The Road Trip, a Male Trip – Die Verwandtschaft des Road Movie-Helden mit dem Cowboy	34
2.3.2	Gemeinsam einsam – Die Buddy-Filme	36
2.3.3	Sex & Crime – Das Outlaw-Paar	38
2.3.4	Along For the Ride – Die Heldin am Wegesrand	39
2.3.5	Changing Drivers – Die Road Movie-Heldinnen im Aufbruch	43
3.	Being Out of Their Proper Place – Zwei Filmanalysen	47
3.1	Filmanalytische Parameter	47
3.2	Outside of Everything – *Thelma & Louise*	49
3.2.1	Die Genre-Zugehörigkeit I	50
3.2.2	Die Narration	52
3.2.3	Die Heldinnen als Buddies	56
3.2.4	Die Überschreitung	57
3.2.5	Der Aufenthalt im Innenraum	59
3.2.6	Die männlichen Mitstreiter	60
3.2.7	Die Momente der Vermittlung	63
3.2.8	Der Schluss	65
3.2.9	Die Genre-Zugehörigkeit II	67

3.3	**Searching For One's Proper Place – *Leaving Normal***	68
3.3.1	Die Genre-Zugehörigkeit I	69
3.3.2	Die Narration	70
3.3.3	Die Heldinnen als Buddies	73
3.3.4	Die Überschreitung	74
3.3.5	Der Aufenthalt im Innenraum – Die männlichen Mitstreiter – Die Momente der Vermittlung	77
3.3.6	Der Schluss	79
3.3.7	Die Genre-Zugehörigkeit II	81
4.	**Keep Going – Schlußbetrachtung**	85
5.	**Anhang**	87
6.	**Literaturverzeichnis**	95
7.	**Filmverzeichnis**	103

1. Start Moving – Einleitung

Unterwegssein hat in Amerika und bei den Amerikanern eine lange Tradition, denn: "Die Urpolarität war eben die gleichzeitige Kultivierung so entgegengesetzter Lebensweisen wie Sesshaftigkeit und Nomadentum."[1] Diese ‚Urpolarität' von Gründung eines Heims und Entdeckung des neuen Heimatlandes gewann auch in der kulturellen Produktion des Landes große Bedeutung und findet sich in verschiedenen literarischen und filmischen Genres als ein die Narration bestimmendes Prinzip wieder.

Mit Hinblick auf das Road Movie-Genre sucht die Filmtheoretikerin Kathleen Murphy nach Vorläufermodellen in amerikanischen Abenteuerbüchern, deren Lektüre nicht nur sie maßgeblich geprägt hat. Erst rückblickend begreift sie die ausschließlich männliche Besetzung der positiven Heldenposition dieser Erzählungen: „It seemed that women weren't built for running away from home, leaping into the void. We *were* home, taking things in, bleeding in place."[2] Oder in den Worten von Richard Dyer: „there is a deeper, underlying pattern of feeling, to do with freedom of movement, confidence in the body, engagement with the material world, that is coded male (...)."[3] Beide Aussagen verbindet die Annahme, dass narrativer Raum durch die genannte Polarität von Innenraum (Heim/Sesshaftigkeit) und Außenraum (‚material world'/Nomadentum) organisiert ist und dass diese Dichotomie außerdem eine geschlechtsspezifische Zuteilung erfährt: Frauen werden statisch im Innenraum und Männer unterwegs im Außenraum angesiedelt.

Das Road Movie, das sich als Genre ausschließlich dem Unterwegssein in Amerika widmet, fordert die Beschäftigung mit dem Gesichtspunkt der Raum-Gender-Verhältnisse heraus. Die zentralen Kategorien, die dieser Analyse zugrunde liegen, lauten deshalb Genre – Raum – Gender.

Anstelle einer Festschreibung durch Definitionen, die in einem klassischen Verständnis als fixe Kategorien vorausgesetzt werden, gehen die einleitenden Bestimmungen zunächst von einer Offenheit jeder Kategorie aus, die sich durch Fragen und Suchen, das heißt durch Definieren im eigentlichen, prozesshaften Sinne, zuspitzend eingrenzen lässt. Ausgangspunkt ist die Annahme, dass es sich bei diesen Kategorien um Begriffe handelt, deren Inhalte einer kulturellen Formung unterliegen. Das heißt, dass sie nicht universal gültig sind, sondern vielfältig, dynamisch und historisch wandelbar, und dass sie sich insofern als kulturelle Konstruktionen begreifen lassen.

Es soll die gegenseitige Konstitution und Begrenzung von Genre-, Raum- und Genderkonventionen gezeigt werden, denn: „Sobald Begriffe des Genres, der Klasse, des Geschlechts (und des Raums! A.S.) ins Spiel kommen, werden

---

[1] Erikson, Erik H. 1965. *Kindheit und Gesellschaft*. 2. Auflage. Stuttgart: Ernst Klett, 288; ‚Amerika' meint in der Folge ausschließlich die Vereinigten Staaten.
[2] Murphy, Kathleen. 1991. „Only Angels Have Wings." *Film Comment* 27: 4, Juli/August, 26; sie nennt u.a. die Romane von James Fenimore Cooper: *Lederstrumpf*, Marc Twain: *Huck Finn* oder Herman Melville: *Moby Dick*.
[3] Dyer, Richard. 1994. „Action!" *Sight and Sound* 10, Oktober, 8; er spricht über Action Film.

Grenzen gezogen und Verbote erteilt."[4] Zentral bei dieser Untersuchung ist die Kategorie Raum, da genau diese – so meine These – für die Verfasstheit der Genderkonventionen verantwortlich gesehen wird.

Alle drei Kategorien als Komponenten eines Ganzen – im vorliegenden Fall des Road Movies – begriffen, erfolgt zunächst die Bestimmung der Kategorie Genre, da diese die beiden anderen umfasst. Das Verständnis der Kategorie Raum erweist sich als Dreh- und Angelpunkt, denn bestimmte Genres fordern bestimmte Räume, und Raum wiederum erzeugt und fordert bestimmte Genderkonstellationen. Letztere lassen sich schließlich wieder in Bezug zum entsprechenden Genre setzen.

Die Kategorie Genre ist ein Beispiel für begriffliche Offenheit: „*Genre* is a term much employed in film criticism (...), yet there is little agreement on what exactly it means or whether the term has any use at all."[5] Auch intensive wissenschaftliche Beschäftigung mit Filmgenres seit den sechziger Jahren blieb ohne Konsens: „Theorists have been unsuccessful in producing a coherent map of the system of genres, and no strict definition of a single genre has won widespread acceptance."[6]

Im weitesten Sinne wird Genre als ein „set of cultural conventions"[7] verstanden, wodurch Wahrnehmung und Verständnis eines Werks gelenkt und auf der Basis des Commonsense Erwartungen geschürt werden, jedoch ohne normativen Anspruch.[8] Filmgenres sind flexible Gebilde mit fließenden Grenzen, die gesellschaftlichen und historischen Wandel unterliegen; „(...) genres are not to be seen as forms of textual codifications but as systems of orientations, expectations and conventions that circulate between industry, text and subject."[9] Neben ikonographischen Elementen und Themen des Films, die

---

[4] Esders-Angermund, Karin. 1997. *Weiblichkeit und sexuelle Differenz im amerikanischen Genrekino. Funktionen der Frau im frühen Westernfilm.* Trier: WVT Wissenschaftlicher Verlag Trier, 26; sie verweist auf Derrida, Jacques. 1980. „La Loi du genre/The Law of Genre." *Glyph* 7, 176-232.
[5] Buscombe, Edward. 1995. „The Idea of Genre in the American Cinema." In: Grant (Hg.), 1995, 11. Buscombe stellt folgende Leitfragen vor: „first, do genres in the cinema really exist, and if so, can they be defined? second, what are the functions they fulfill? and third, how do specific genres originate or what causes them?" ebd. (1995: 11).
[6] Bordwell, David. 1989. *Making Meaning. Inference and Rhetoric in the Interpretation of Cinema.* Cambridge/Massachusetts: Harvard University Press, 147.
[7] Tudor, Andrew. 1995. „Genre." In: Grant (Hg.), 1995, 7.
[8] Vgl. A. Tudor (1995: 7): „Genre is what we collectively believe it to be." Vgl. Corrigan, Timothy. 1992. *A Cinema without Walls: Movies and Culture after Vietnam.* London: Routledge, 139f; vgl. Schatz, Thomas. 1981. *Hollywood Genres. Formulas, Filmmaking, and the Studio System.* New York: Random House; vgl. Bordwell, David/Thompson, Kristin. 1993 (1979). *Film Art. An Introduction.* 4. Auflage. New York: McGraw-Hill, 81-82; vgl. Bertelsen, Martin. 1991. *Roadmovies und Western. Ein Vergleich zur Genre-Bestimmung des Roadmovies.* Ammersbek bei Hamburg: Verl. an d. Lottbek, 14; vgl. Monaco, James. 1995. *Film verstehen.* Überarb. und erw. Neuausgabe. Reinbek bei Hamburg: Rowohlt Taschenbuch Verlag, 556: Definition von Genre.
[9] Neale, Stephen. 1980. *Genre.* London: British Film Institute, 19; vgl. auch Neale, Stephen. 1995. „Questions of Genre." In: Grant (Hg.), 1995, 159-183; T. Schatz (1981: 36-41 „Generic

brauchbare Determinanten zur Genre-Bestimmung abgeben, erweisen sich Handlung und Wahl der ProtagonistInnen inklusive ihrer Geschlechtszugehörigkeit als notwendige Bestandteile der Konventionen eines Genres. In diesem Zusammenhang sind entsprechende Spielorte, und das heißt bestimmte Räume der Filmhandlung als Komponenten der Konventionen und als Spezifizierung des Genres zwingend. Die Wahl eines Genres impliziert die Wahl eines bestimmten Handlungsraums, und umgekehrt ziehen bestimmte Räume die Einbettung in bestimmte Genres nach sich. So eignet sich beispielsweise der Weltraum für das Science Fiction-Genre als Erzählraum, und das Western-Genre fordert den nordamerikanischen Westen als Spielort. Raum stellt im Film einen Faktor von großer Bedeutung dar, denn im Kino „(t)he act of ‚telling' or representing is first of all a creation of space".[10] Anders als beispielsweise die Literatur steht der Film vor der Schwierigkeit, einen kontinuierlichen narrativen Raum auch visuell zu konstruieren. Das sichtbare Ergebnis ist ein komplexes Konstrukt aus einem abgebildeten realen Raum und dem imaginären Raum der Filmerzählung, der zum spezifischen Handlungsspielort deklariert wird. Ähnlich wie in der Literatur ist dieser Raum, obwohl fiktiv, angereichert mit Informationen aus dem realen Leben und genährt durch Referenzen beispielsweise auf nationale Raum-Mythen. Seine Konstruktion stellt die Idee einer Gesellschaft und insofern vor allem einen sozialen Raum vor, in dem die Figuren weiblichen und männlichen Geschlechts agieren, die gerade im Hollywood-Kino handlungstreibende Faktoren bilden.[11]

Bei der Betrachtung des Erzählraums stellt sich die Frage „(...) how understanding the production of space can help us with issues of political identity and sexual difference."[12] Die traditionelle Auffassung, die auch den narrativen Raum bestimmt, besteht in der Trennung des sozialen Lebensraums in Außen und Innen, das heißt in öffentlichen und privaten Raum. Foucault konstatiert, dass

> unser Leben noch von Entgegensetzungen geleitet (ist), an die man nicht rühren kann, an die sich die Institutionen und die Praktiken noch nicht herangewagt haben. Entgegensetzungen, die wir als Gegebenheiten akzeptieren: zum Beispiel zwischen dem privaten Raum und dem öffentlichen Raum, zwischen dem Raum der Familie und dem gesellschaftlichen Raum (...).[13]

---

evolution: Patterns of increasing self-consciousness"); vgl. Rother, Rainer (Hg.). 1997. *Sachlexikon Film*. Reinbek bei Hamburg: Rowohlt Taschenbuch, 141; vgl. M. Bertelsen (1991: 12).
[10]Branigan, Edward. 1984. *Point of Views in the Cinema. A Theory of Narration and Subjectivity in Classical Film*. Berlin: Mouton Publishers, 73; vgl. auch K. Esders-Angermund (1997: 23/33, Anm. 39).
[11]Vgl. D. Bordwell/K. Thompson (1993: 82-84 „The Classical Hollywood Cinema").
[12]Aitken, Stuart C./Lukinbeal, Christopher Lee. 1997. „Disassociated Masculinities and Geographies of the Road." In: Cohan/Hark (Hg.), 1997, 352.
[13]Foucault, Michel. 1999. „Andere Räume." In: Ders. *Botschaften der Macht. Der Foucault-Reader*. Hg. von Jan Engelmann. Stuttgart: Deutsche Verlags-Anstalt, 147.

Da diese trennenden ‚Entgegensetzungen' zugleich geschlechtsspezifische Zuschreibungen erfahren, spielen sie eine zentrale Rolle hinsichtlich der soziokulturellen Konstruktion des Geschlechterverhältnisses. Mit der Benennung des öffentlichen Außenraums als Ort des Mannes und des privaten Innenraums als Ort der Frau gehen eine Menge bekannter dichotomer Unterscheidungen einher, wie Aktivität/Passivität, Bewegung/Ruhe, Kraft/Schwäche.[14] Die lange erfolgte Naturalisierung dieser unterschiedlicher „Gender-Räume" und ihrer Gleichsetzung als wesensspezifisch „männlich" respektive „weiblich" korrespondiert mit der unterschiedlichen Wertschätzung der beiden Pole, ihrer Hierarchisierung und Institutionalisierung.

Inwiefern verfolgt und verfestigt auch der gewählte Raum eines Genres in Zusammenhang mit dem Geschlecht der agierenden Figuren über die Narration hinaus möglicherweise existierende Mechanismen, beispielsweise Mechanismen der Beschränkung oder der Macht?

Folgendes gilt auch für Raum- und Genderkonventionen eines Filmgenres:

> Particular ways of thinking about space and place are tied up with, both directly and indirectly, particular social constructions of gender relations. The implication is that challenging certain ways in which space and place are currently conceptualized implies also, indeed necessitates, challenging the currently dominant form of gender definitions and gender relations.[15]

Die beiden Begriffe Gender und Genre gehen etymologisch auf einen Ursprung, nämlich das lateinische „genus" zurück. Sie sind „(...) fundamentale Ordnungssysteme, die (...) in komplexen, dynamischen Beziehungen zueinander stehen."[16] Beide ‚Ordnungssysteme' stehen in untrennbarer Verbindung miteinander und rufen bestimmte Erwartungen hervor.

> The notion that some forms of activity and entertainment are more appropriate to men and some to women, that some genres can be called „masculine" whilst others are labelled „feminine", has a long history. Such a notion has its

---

[14]Vgl. McDowell, Linda. 1999. *Gender, Identitiy and Place. Understanding Feminist Geographies.* Cambridge: Polity, 12; vgl. Massey, Doreen. 1994. *Space, Place and Gender.* Cambridge: Polity, 6-10; vgl. Spain, Daphne. 1992. *Gendered Spaces.* Chapel Hill: The University of North Carolina Press, 233: „Space is organized in ways that reproduce gender differences in power and privilege." Zur Tradition dieser Vorstellung vgl. Foucault, Michel. 1995 (1989). „Das Hauswesen der Ischomachos." In: Ders. *Sexualität und Wahrheit. Bd. 2. Der Gebrauch der Lüste.* 4. Auflage. Frankfurt a.M.: Suhrkamp, 194-210: der zentrale Begriff bei Xenophon ist der des Daches. „Das ‚Dach', die ‚Deckung', legt eine äußere und eine innere Region fest, wobei jene dem Mann und diese der Frau speziell zugeordnet ist; (...)" ebd. (1995: 200). Zur Polarisierung des Geschlechterverhältnisses in Verbindung mit Raumzuweisungen in der Folge der Aufklärung, in Zusammenhang mit der Herausbildung einer weiblichen Sonderanthropologie und zur Zeit der Industrialisierung siehe Exkurs, S. 15.
[15]D. Massey (1994: 2).
[16]K. Esders-Angermund (1997: 25).

roots in commonsense understandings of appropriate male and female behaviour as well as in the categories set up by those who produce images and fictions – (...).[17]

Genre unterliegt, abgesehen von der Bedeutung der Wahl der Figuren für ein Genre, die von den kulturellen Konventionen des Geschlechterverhältnisses geprägt ist, immer einer geschlechtsspezifischen Organisation. Deren Ausformung steht in unmittelbarer Kopplung mit den Konventionen, die die Kategorie Raum in die Beziehung der Kategorien Geschlecht und Genre mit einbringt.
Die Verflechtung der Genre-Raum-Genderkonventionen und ihre Grenzen offenbaren sich dann, wenn die Narration Überschreitungen der etablierten Konventionen einräumt. Meine These lautet, dass Überschreitungen von Genderkonventionen unmittelbar an den Übertritt von Raumkonventionen geknüpft sind und diese kombinierte Überschreitung das entsprechende Genreverständnis in Frage stellt. Die Überschreitungen der Narration hinsichtlich der Raum- und Genderkonventionen bedeuten den Bruch mit der von ihr geschürten Erwartungshaltung, und das Publikum empfindet ein Gefühl der Unangemessenheit, das Handeln der Heldinnen und Helden, den Raum der Handlung und in der Folge auch das Genre betreffend. „Experience of space has (...) gender dimensions which set limits to how plausible or exceptional one may find a representation."[18]
Aufschluss darüber, wie ernst das narrative Angebot der Überschreitung gemeint ist, gibt der Schluss der Narration: Mögliche Lösungen sind im Sinne des Widerrufs die Bestrafung der Heldinnen und Helden, im Sinne der Relativierung die Rückführung in die Grenzen der entsprechenden Konventionen, und im Sinne der Rebellion das Zulassen der Überschreitung.
Diese Analyse verfolgt das Ziel, das Raum- und Gendergefüge eines Genres kritisch zu besehen und dessen prägende Mechanismen zu entdecken und zu hinterfragen. Erst durch die Erweiterung der etablierten Untersuchungskategorien Genre und Gender durch die Kategorie Raum, erst durch das gegeneinander Abwägen verschiedener Kategorien können festgefahrene Strukturen und binäre Oppositionen, wie sie im Falle des Gender- und Raumverständnisses innerhalb eines Genres existieren, sichtbar gemacht werden.

---

[17]Tasker, Yvonne. 1993. *Spectacular Bodies. Gender, Genre and the Action Cinema.* London/New York: Routledge, 136; vgl. T. Schatz (1981: 35 „Characteristics of Genres of Order and Genres of Integration"). Beispiele für die Beschäftigung mit der Verbindung von Genre und Gender, auf die die vorliegende Arbeit immer wieder zurückgreift: K. Esders-Angermund (1997: 25-27 „Genre und Gender"); Y. Tasker (1993); Morrison, Susan. 1988. „The (Ideo)logical Consequences of Gender on Genre." *CineAction!* 13, Sommer, 40-46; Roberts, Shari. 1997. „Western meets Eastwood. Genre and gender on the road." In: Cohan/Hark (Hg.), 1997, 45-69.
[18]R. Dyer (1994: 8).

Aufgrund der deutlich zutage tretenden Raumorganisation ist ausgewählter Gegenstand dieser Untersuchung das Genre Road Movie, anhand dessen die Wechselwirkung von Raum-, Gender- und Genrekonventionen sowie Wege der Überschreitung dieser Konventionen kritisch betrachtet werden. Eingangs steht die Bestimmung des ‚set of conventions': Es organisiert das Road Movie und schließt die Ermittlung der Raumkonventionen und des HeldInnenpersonals des als „male genre"[19] eingestuften Road Movies mit ein. Dabei wird mit der Einführung der Heldin als Protagonistin am Steuer der mögliche Ansatzpunkt der Überschreitung der Raum- und Genderkonventionen innerhalb des Genres ausgemacht.

Der im ersten Teil der Untersuchung eingefügte Exkurs thematisiert die Engführung der geschlechtsspezifischen Dichotomie des Raums und skizziert die historischen Koordinaten von Raumkonventionen im Europa und Amerika des 19. Jahrhunderts. Welche Grenzlinien wurden überschritten, und inwiefern wirken die geschlechtsspezifischen und damit zusammenhängenden räumlichen Restriktionen – sowohl in der Realität als auch in ihrer kulturellen Repräsentation – bis heute fort?

Die im ersten Teil herausgearbeiteten Erkenntnisse und Fragen dienen als Maßstab für die Analyse zweier Road Movies, *Thelma & Louise* und *Leaving Normal,*[20] im zweiten Teil der Untersuchung. Obwohl weltweit Road Movies produziert werden, erfolgt hier eine Beschränkung auf Road Movies, deren Handlung in den USA stattfindet, da der ursprüngliche Road Movie-Raum, wie gezeigt wird, ein spezifisch amerikanischer Raum ist.[21] Weiterhin zeichnen sich die gewählten Beispiele dadurch aus, dass die Protagonistenstelle mit jeweils zwei Heldinnen besetzt ist und somit die Raum- und Genderkonventionen des Genres überschritten werden. Erst der Schluss der Filme zeigt, ob diese Überschreitungen von der Narration in letzter Konsequenz zugelassen werden oder ob sie das Genre gefährden und dementsprechend die „Lösung" im Sinne einer Rückversicherung der Genrekonventionen ausfällt.

---

[19]Y. Tasker (1993: 134).
[20]Im Folgenden werden im Text lediglich die Filmtitel genannt; die vollständigen Angaben zu den Filmen sind dem Filmverzeichnis zu entnehmen.
[21]Beispiele für einige Road Movie-Produktionen weltweit: *Sans toi ni loi* (Frankreich), *Cold Fever* (Island/USA/Bundesrepublik Deutschland/Schweiz:), *Lamerica* (Italien/Frankreich), *Burning Life* (Bundesrepublik Deutschland), *Butterfly Kiss* (Großbritannien), *The Adventures of Priscilla, Queen of the Desert* (Australien), *Personne ne m'aime* (Frankreich), *Guantanamera* (Kuba/Spanien/Bundesrepublik Deutschland), *Neitoperho* (Finnland), *TGV Express* (Senegal/Frankreich), *Suzie Washington* (Österreich), *Kikujiros no natsu* (Japan), *Bye Bye Bluebird* (Dänemark/Faröer Inseln), *Adorenarin doraibu* (Japan). Eine weiterführende Frage lautet, inwiefern außer-amerikanische Road Movies schon aufgrund ganz anderer Raumvorgaben und -mythen anders funktionieren und daraus auch Verschiebungen der Genderkonventionen enstehen.

2. Das Road Movie

2.1 Genre

Obwohl das Road Movie auf der Produktionsseite immer wieder boomt, zählt es keinesfalls zu den klassischen Filmgenres: „As a film genre, road movies are frequently bypassed by some of the best studies of genre."[22] Die folgenden Kapitel stellen die Komponenten vor, die die Konventionen des Road Movies bestimmen und es als Genre eingrenzen: narrative Elemente und Struktur sowie die Tradition des Genres.

2.1.1 Narrative Elemente und historische Entwicklung

Schon der Name ‚Road Movie' nimmt eine Eingrenzung des Genres vor beziehungsweise differenziert gegenüber anderen Genres: Das spezifische, Genre-konstituierende Element ist die Straße/‚road'. Diese wird jedoch eher als – im wahrsten Sinne des Wortes – „tragendes Element"[23] begriffen, denn das Kernelement des Genres bildet das Kraftfahrzeug, und zwar dann, wenn es „grundlegende Bedeutung für die Handlung hat".[24]
Es herrscht Unklarheit darüber, wann diese beiden Genre-spezifischen Elemente Kraftfahrzeug und Straße so handlungsbedeutend wurden, dass diese Filme als Genre Road Movie begriffen wurden. Manche Filme aus den dreißiger Jahren, auf die diese Bezeichnung zutreffen würde, werden noch als Einzelproduktionen ohne Bezugnahme aufeinander eingestuft, und insofern lassen sie sich erst im Nachhinein dem Genre zuordnen.[25] Der Entwicklungssprung von den Dreißigern zu den Vierzigern stellt sich folgendermaßen dar:

> It (the roadland; A.S.) sprang into cinematic life in the Forties. In the Thirties, cars existed, and they were driven, but they tended to be accessoires of the rich (...). Prole mobility took to the bus (*It Happened One Night* had „Night Bus" as a working title) or truck (*They Drive by Night* or *Grapes of Wrath* (...)). (...) It was the war and the concomitant economic recovery and the forced scatterings of Americans that shook loose the country and gave its people wheels and gas rationing and ants in their pants.[26]

---

[22] T. Corrigan (1992: 143); vgl. Atkinson, Michael. 1994. „Crossing the Frontiers." *Sight and Sound* 4: 1, Januar, 14.
[23] M. Bertelsen (1991: 21).
[24] R. Rother (1997: 254); vgl. auch M. Bertelsen (1991: 19-24). Im Road Movie können Kraftfahrzeuge aller Art zum Einsatz kommen, wie Automobil (dazu unter 2.2.2, S. 27), Motorrad, Bus, Truck oder auch Rasenmähmaschine (vgl. *The Straight Story*).
[25] Vgl. M. Bertelsen (1991: 23).
[26] Lyons, Donald. 1991. „Detours." *Film Comment* 27: 4, Juli/August 1991, 2; vgl. R. Rother (1997: 254).

Als Genre identifiziert und benannt wurde das Road Movie erst in den sechziger Jahren, als die kulturellen Erscheinungen der Zeit – etwa der Autokult und die aufblühende „drive-in-Kultur"[27] – keinen geringen Einfluss auf die Filmproduktion nahmen. *Easy Rider*, für viele der Prototyp des Road Movies, gab den Anstoß für die gehäufte Produktion von Filmen, die erst dann aufgrund der thematischen und stilistischen Gemeinsamkeiten und der Variation der Elemente als Genre Road Movie zu erkennen waren.[28]

2.1.2 The Journey Is the Thing – Die Narration
Neben den Genre-konstituierenden Elementen Fahrzeug und Straße ist das handlungsspezifische Element der Reise ein weiteres Kriterium, das die Unterscheidung und Abgrenzung des Road Movies zu anderen Genres ermöglicht. Dies gilt, sofern die Reise nicht nur ein Bindeglied zwischen Handlung an Ort A und Handlung an Ort B, sondern das Reisen selbst die überwiegende Handlung des Films darstellt.[29]
Nicht alle Road Movie-ProtagonistInnen treten ihre Reisen aus den gleichen Gründen an. Die Ermittlung der unterschiedlichen Bedeutungen und der jeweils zugrunde liegenden Motivation ermöglicht es, verschiedene Subgenres auszumachen, die hier in Anlehnung an Bertelsen nur kurz zusammengefasst werden sollen.[30]
Durch „Reisen als Selbstzweck" zeichnen sich diejenigen Road Movies aus, in denen es entweder um den Zustand des Unterwegsseins selbst geht, oder in denen die ProtagonistInnen zu Wettrennen antreten. Bei ersterem liegt die Betonung auf der grundsätzlichen Suche nach Freiheit und Selbstbestimmung und nicht nach einem örtlich benennbaren Ziel: „The journey's the thing, and anyone who thinks differently is just wasting gas."[31] Road Movies, in denen ein Rennen ausgetragen wird, zeigen die Verwirklichung von Freiheit in einer Ausnahmesituation von beschränkter Dauer; sie zeichnen sich – im Gegensatz zu den vorgenannten – durch starke Finalspannung aus, und mit dem Erreichen des hier konkret benannten Ziels endet der Film.
Das Subgenre der Trucker-Road Movies, in denen „Reisen als Beruf" notwendig sind, „zeigt die deutlichsten Parallelen zum Western, etwa in Film-Handlungen, die bestimmt sind vom – bis zum Showdown ausgetragenen – moralischen Konflikt zwischen freien Truckern und einem Syndikat."[32]

---

[27] Vgl. M. Bertelsen (1991: 23f).
[28] Zu Entstehung und Entwicklung vgl. Laderman, David. 1996. „What a Trip: The Road Film and American Culture." *Journal of Film and Video* 48: 1-2, Frühling-Sommer, 41; Cohan, Steven/Hark, Ina Rae. 1997. „Introduction." In: Cohan/Hark (Hg.), 1997, 2; M. Atkinson (1994: 17); T. Corrigan (1992: 147f/158f).
[29] Vgl. M. Bertelsen (1991: 50); vgl. R. Rother (1997: 254).
[30] Vgl. M. Bertelsen (1991: 48-87 „Einteilung der Road Movies in Sub-Genres").
[31] M. Atkinson (1994: 16).
[32] M. Bertelsen (1991: 154).

Schließlich sind solche Road Movies als Subgenre abzugrenzen, in denen Flucht die Reise motiviert; den ProtagonistInnen bleibt zur Wahrung ihrer Freiheit und ihres Überlebens nichts anderes übrig, als sich beständig weiter fortzubewegen. Entschlossenheit und Ausdauer – auch von Seiten der Verfolger – führen am Schluss dieser Filme zur Konfrontation und Eskalation.

Den meisten Road Movie-Reisen, ungeachtet der Subgenres, haftet ein Moment der (metaphorischen) Suche an. Basierend auf der Annahme, dass jeder Mensch sein Schicksal selbst zu lenken vermag, ist Reisen nicht mehr nur physische Fortbewegung, sondern wird zum psychischen Prozess. Es geht um die Bestimmung der eigenen Identität, und die Reise wird zur „dual journey, the interdependent physical and spiritual journeys".[33]
In der Reduzierung auf dieses grundlegende Wesensmerkmal des Reisemotivs besteht die Möglichkeit einer Anbindung des Road Movie-Genres an die Tradition der Reise und ihrer Bedeutung in der abendländischen Literatur, die mit Homers *Odyssee* beginnt und im Bildungsroman besonders ausgeprägt ist: „the familiar is left behind or transformed through the protagonist's movement through space and time, and the confrontations and obstacles that he encounters generally lead, in most cases, to a wiser individual and often a more stable spiritual or social state."[34] Auch im Road Movie funktionieren Reise und Straße als „alternative space where isolation from the mainstream permits various transformative experiences (...)."[35]
Indem das Road Movie seine Handlung in einen Narrationsraum außerhalb eines von Gesellschaft oder Gemeinschaft, etwa in Form der Familie, abgesteckten Rahmens verlegt, entfällt eine der Hauptstützen des dominanten Diskurses, der viele Genres des klassischen Hollywood-Kinos bestimmt: „the concept of home. That concept could also be named (...) ‚normality': the heterosexual romance, monogamy, the family, the perpetuation of the status quo, the Law of the Father."[36]
Die Konflikte, denen sich die Road Movie-Reisenden stellen müssen und an denen sie reifen, resultieren genau aus dem Austritt aus der etablierten Gesellschaft. Letztere stellt Erwartungen an die ProtagonistInnen, die sich nicht mit ihren Freiheitsvorstellungen decken. Es kommt zur individuellen

---

[33] S. Roberts (1997: 53); vgl. R. Rother (1997: 254); vgl. M. Atkinson (1994: 14): „In the road movie we have an ideogram of human desire and the last-ditch search for self (...)."
[34] T. Corrigan (1992: 144).
[35] S. Cohan/I. Hark (1997: 5); vgl. Rose, Hubert-Yves. 1994. „Ma femme m'attend. Mon mari me cherche." *la revue de la cinémathèque* 19, Juli/August, 13.
[36] Wood, Robin. 1986. *Hollywood from Vietnam to Reagan*. New York: Columbia University Press, 229; vgl. Wexman, Virginia Wright. 1993. *Creating the Couple. Love, Marriage, and Hollywood Performance*. Princton: Princton University Press. T. Corrigan macht als eines der „distinctive characteristics" des Road Movies aus: „More and more, the family unit, that oedipal centerpiece of classical narrative, begins to break apart, preserved only as memory or desire with less and less substance." ebd. (1992: 145). Mehr zu „home" als Raum-Konzept unter 2.2.3, S. 30.

Rebellion gegen gesellschaftliche Tradition, zum Verstoß gegen das gesellschaftliche Normen- und Gesetzessystem, denn auch die Straße ist kein rechtsfreier Raum. „Gesellschaftlicher Druck endet nicht am Straßenrand, sondern existiert auch auf dem *highway*",[37] schon in Form von Verkehrsregeln wie etwa der Geschwindigkeitsbegrenzung.

Im Subgenre der Flucht-Road Movies werden die Suche nach individueller Freiheit und Identität und der dadurch besonders stark ausgeprägte Konflikt mit der Gesellschaft und den von ihr gesandten Verfolgern am deutlichsten. Diese Road Movies „express the fury and suffering at the extremities of civilised life, and give their restless protagonists the false hope of a one-way ticket to nowhere"[38]: Häufig enden sie mit dem Tod der aufbegehrenden Reisenden.

Aus der Sicht der ProtagonistInnen kann die durch den Reisebeginn gestörte Ordnung nicht wiederhergestellt werden, da keine Rückführung und Wiedereingliederung stattfindet. In dieser Hinsicht wäre die zustimmende Übernahme einer These Morrisons möglich: „(...) the only possible solution, the only way the narrative can engineer closure, is by annihilating the protagonist. We might say that (...) it is the *narrative* that rejects oedipalization by opting for the protagonist's death rather than recuperation into Lawful society."[39]

Andererseits bleibt das Publikum nach dem Tod der reisenden ProtagonistInnen an der Seite der Verfolger zurück und verlässt letztendlich mit den Vertretern des gesellschaftlichen Gesetzes das Kino.[40] Unter diesem Blickwinkel werden Ordnung, Recht und Gesetz der herrschenden Gesellschaft und Ideologie doch wiederhergestellt, und insofern lässt sich der Tod der ProtagonistInnen auch als strafendes Erzählverfahren der Road Movie-Narration lesen: Der vermeintliche Ausbruch wird inszeniert, um die Unmöglichkeit des Entkommens aus dem dominierenden Narrations- und Gesellschaftsmodell zu demonstrieren. Darin lässt sich, wie Laderman schlüssig darlegt, eine die Rebellion konterkarierende Entwicklung im Road Movie ausmachen, in der sich unterschwellig der Hang zur Tradition des dominierenden Diskurses mehr und mehr durchsetzen kann.[41]

---

[37] M. Bertelsen (1991: 35; Hervorhebung des Autors).
[38] M. Atkinson (1994: 16); vgl. M. Bertelsen (1991: 25/34ff).
[39] S. Morrison (1988: 44; Hervorhebung der Autorin); vgl. auch S. Roberts (1997: 55; Hervorhebung der Autorin): „It's not so much death *per se*, but life that characters both escape and seek in the road movie. Death seems self-evident, not something necessarily either avoided or pursued in this genre. Road narratives are constituted by a search for life, the characters running from death which always threatens at either end of the road."
[40] Auch wenn die Flucht in wenigen Ausnahmen gelingt, so wird nicht gezeigt, wie das Leben der ProtagonistInnen jenseits der amerikanischen Staatsgrenze weitergeht. Das Publikum bleibt mit der Narration innerhalb der Grenzen und in gewisser Weise auch auf der Seite der Verfolger zurück.
[41] D. Laderman unternimmt eine Untersuchung des Road Movie-Genres unter dem Aspekt der „dialectical tension between the road film as a rebellious critique of conservative authority and as a reassertion of a traditional expansionist ideology (...)" ebd. (1996: 41f).

2.1.3 Die Tradition des Westerns

Im Road Movie-Genre, das seine ProtagonistInnen außerhalb des Narrationsraum ‚Familie und Gesellschaft' platziert und weder häusliche noch städtische Innenräume als Hauptschauplatz wählt, ist der Außenraum als Spielort der Reisehandlung zentral; es handelt sich dabei um einen spezifisch amerikanischen Raum. Nicht nur aufgrund der Raumvorgabe und des Bedeutungshorizonts, sondern durch den damit zusammenhängenden Kampf des Helden als Individuum gegen die zivilisierte Gesellschaft, stützt sich das Road Movie auf das Western-Genre: „The road movie's linear structure and the metaphorical road's connotations of individualism, aggression, independence, and control, combine the Western's ideal conceptions of the American and the masculine."[42]

2.1.3.1 Western, Westen und die amerikanische (Leinwand-) Landschaft

Der Western-Film, eines der ersten unterscheidbaren und daher klassischen Filmgenres überhaupt, ist ein Produkt der breit gefächerten kulturellen Auseinandersetzung mit der Entdeckung, Eroberung und Inbesitznahme des nordamerikanischen Kontinents durch europäische Pioniere und Siedler und durch die Ausrottung der amerikanischen Urbevölkerung, das heißt der Indianer.[43] Die zunächst literarische Auseinandersetzung mit dieser spezifisch amerikanischen Geschichtserfahrung setzt zu einer Zeit ein, als der Kontinent mehr oder minder ganz erschlossen ist und sich ein geordnetes gesellschaftliches und wirtschaftliches Leben zu festigen beginnt.

> Den Vorgang der Landnahme und der Durchsetzung des Rechts zeigt der Western nicht als politischen, sondern auch als ökologischen, erotischen und moralischen Prozess. Damit vermittelt das Genre ein Geschichtsbild, das in seinen schlimmen Beispielen perfekte patriarchalische Mythen liefert, in seinen besten aber eine Dialektik zwischen Einzelschicksal und historischer Struktur zeigt, wie sie keine Geschichtsschreibung sonst zu realisieren imstande ist. (...) Und auch deshalb ist der Western eine so universale Aussage geworden, weil seine Mythen in sich die Widersprüche nicht nur die Geschichte der „westlichen Welt", sondern auch solche eines jeden (zumindest jeden männlichen) Individuums in seinem Gesellschaftssystem tragen.[44]

---

[42] S. Roberts (1997: 61).
[43] Vgl. dazu Seeßlen, Georg. 1995. *Western. Geschichte und Mythologie des Westernfilms.* Marburg: Schüren; vgl. Hembus, Joe. 1979. *Western-Geschichte. 1540-1894. Chronologie/Mythologie/Filmografie.* München/Wien: Carl Hanser; vgl. Hembus, Joe. 1995 (1976). *Das Western-Lexikon. 1567 Filme von 1894 bis heute.* Erweiterte Neuausgabe. 3. Auflage. Hg. von Benjamin Hembus. München: Wilhelm Heyne; vgl. Rünzler, Dieter. 1995. *Im Westen ist Amerika. Die Metamorphose des Cowboys vom Rinderhirten zum amerikanischen Helden.* Wien: Picus; vgl. R. Rother (1997: 324); außerdem: Least Heat Moon, William. 1995. *Blue Highways. Eine Reise in Amerika.* Frankfurt a.M.: Suhrkamp Taschenbuch, 97: „Für einen Amerikaner ist Land Solidität, Güte und Hoffnung. Die amerikanische Geschichte geht um Land."
[44] G. Seeßlen (1995: 21).

Bedeutend ist der Zusatz in Klammern: Der Western, der die Etablierung eines Nationalmythos initiiert, fängt nicht nur den Verlust des endlos unentdeckten Landes, das heißt des *Wilden Westens* auf, sondern gebietet auch dem drohenden Verlust der Machtposition des männlichen Subjekts in der zivilisierten Gesellschaft wie in deren kulturellen Narrationsformen Einhalt.[45]

Was ist das Besondere des *Wilden Westens*, der die Schaffung eines neuen männlichen Ideals ermöglicht? Und wo eigentlich liegt der sagenhafte *Wilden Westens*?

> Für Texaner ist es der Brazos River; in St. Louis ist es der Mississippi (...); in Philadelphia spricht man von den Alleghenies; in Brooklyn ist es der Hudson, und auf dem Beacon Hill in Boston beginnt er gleich nebenan. Aber der wirkliche Westen beginnt natürlich mit den westlichen Grenzlinien von Louisiana, Arkansas, Missouri, Iowa und Minnesota. Es ist eine Linie, die fast einer Geraden gleichkommt und vom Golf von Mexiko bis nach Kanada führt. Nur etwa einhundertfünfzig Kilometer von der geographischen Ost-West-Teilung der binnenländischen Staaten entfernt, liegt sie nahe am hundertsten Meridian, an der Fünfzig-Zentimeter-Regenlinie und an der Siebzig-Meter-Konturenlinie –, was alles von verschiedenen Geographen als Scheide zwischen Ost und West angesehen wird. Wenn man östlich dieser Staaten steht, ist man im Osten; geht man hinüber, ist man im Westen. Es ist einfach und klar.[46]

Abgelöst von der ursprünglichen Besiedelungsbewegung, der das Genre seinen Namen verdankt, und abgelöst von der realen geographischen Bestimmbarkeit, gelingt dem Western mit der Neuerschaffung des Westens die fiktionale Verortung des amerikanischen Nationalmythos.

> Wo „der Westen" zu finden ist, war seit jeher von zweitrangigem Interesse. (...) Die Landschaft, die Städte und die Personen des Westens, die allgemein bekannt sind, bilden nur das Szenario eines sowohl typisch amerikanischen wie auch zeitlosen Schauspiels. In diesem ist der Westen die Grenze der Zivilisation, der Schauplatz einer speziellen Form des Daseins, der Platz, an dem sich Männer auf dem schmalen Grat zwischen bedrohlicher Wildnis und verweiblichter Zivilisation bewegen. Dieser „Westen" ist jener Teil Amerikas, in dem die Konfrontation zwischen Mensch und Natur und die zwischen den Rassen jene besondere Intensität angenommen hat, die ihn einzigartig innerhalb der USA und diese als Nation einzigartig unter den westlichen Nationen macht.[47]

Die Grenze zwischen dem schon bezähmten und noch nicht erkundeten Land, zwischen Zivilisation und Wildnis, zwischen Zivilrecht und Naturgesetz, zwischen dem Land der begrenzten und dem der grenzenlosen Möglichkeiten,

---

[45] Ein literarisches Genre, von dem sich der Western abhebt, ist z.B. die *domestic novel*; siehe dazu im Exkurs S. 22f und unter 2.2.3, S. 30. Zu männlichem Ideal siehe 2.3.1, S. 34.
[46] W. Least Heat Moon (1995: 191).
[47] D. Rünzler (1995: 10); vgl. J. Hembus (1979: 142).

bezeichnet als *frontier*, wird im Western zur extremen Herausforderung an das (männliche) Individuum und damit zum Symbol für Erprobung, Gewinn, Verteidigung und Verlust von Freiheit. Je weniger der wahre *Wilde Westen* und die *frontier* gegen Ende des letzten Jahrhunderts noch real existierten, desto mehr wandelten sie sich zu einem fiktiven und mythischen Raum, der auch dem Road Movie-Genre zugrunde liegt.[48]

An den Begriff des *Wilden Westens* ist ein ganz bestimmtes Landschaftsbild geknüpft:

> Der wahre Westen unterscheidet sich vom Osten auf eine große, durchdringende, wirkungsvolle und ehrfurchtgebietende Weise: durch Weite. (...) Die Weite westlich der Linie ist zu spüren, ja oft zu schmecken, besonders wenn sie leer erscheint, und es ist diese offenkundige Leere, die die Materie so allein, verloren und disparat aussehen lässt.[49]

Das Potenzial der grenzenlosen Offenheit der Weite war nicht sofort für den Western-Film entdeckt worden. „Der Western war ein Genre der nahen und halbnahen Bilder gewesen; der Held stand im Vordergrund, und höchstens bei einer Rauferei zeigte die Kamera einen Raum, der nicht durch die Stellung des Helden definiert wurde. Reiter bewegten sich nicht durchs Land, sondern vor der Kamera".[50] Mit der Spezialisierung des Western-*epic* zu Beginn der zwanziger Jahre „öffnete sich der Blick für die Weite des Horizonts; die Landschaft bekam eine Seele."[51] Vor allem John Ford hat in seinen Western das Landschaftsbild geschaffen, was heute als „classic frontier tableau"[52] wiedererkannt wird. Für seinen Film *Stagecoach* entdeckte er 1939 das Monument Valley als Drehort, das in der Folgezeit als typische Szenerie des Westens nicht nur für seine Western legendär wurde.[53]
Vor dem Hintergrund der eingangs skizzierten Kategorien wird deutlich, dass Film jedoch nicht an der realen Landschaft interessiert ist, sondern immer eine

---

[48] Vgl. J. Hembus (1979: 595-599); vgl. J. Hembus (1995: 8-10 „Fronting It"); vgl. Waechter, Matthias. 1996. *Die Erfindung des amerikanischen Westens. Die Geschichte der Frontier-Debatte.* Freiburg im Breisgau: Rombach; vgl. Turner, Frederick Jackson. 1947 (1920). *Die Grenze. Ihre Bedeutung für die Amerikanische Geschichte.* Bremen: Horn; vgl. M. Bertelsen (1991: 26ff); vgl. D. Rünzler (1995: 66f); vgl. Eickhoff, Hajo. 1997. „Welt erfahren. Wie ein Sitzender über die Straße gehen oder Auf dem Weg nach Westen." In: Kunstforum International, 1997, 102-110.
[49] W. Least Heat Moon (1995: 192).
[50] G. Seeßlen (1995: 41).
[51] G. Seeßlen (1995: 41).
[52] Dargis, Manohla. 1991. „Roads to Freedom." *Sight and Sound* 1: 3, Juli, 17f.
[53] Vgl. Jeier, Thomas. 1987. *Der Western-Film.* München: Wilhelm Heyne, 55; vgl. Baxter, John. 1980. „Im Monument Valley: ‚Stagecoach', ‚Fort Apache', ‚She Wore a Yellow Ribbon'." In: Ders. *John Ford. Sein Leben – seine Filme.* Hg. von Thomas Jeier. München: Wilhelm Heyne, 77-98; vgl. G. Seeßlen (1995: 60); D. Laderman (1996: 43/50); vgl. *John Ford. Der Regisseur und seine Filme.* TV-Dokumentation. Regie: Andrew Eaton. Buch: Lindsay Anderson. BBC/Arts Entertainment Network. Gesendet im NDR 1994, 28. Min.

Konstruktion von Landschaft vorführt, die im Sinne der Fiktion eine Funktion erfüllt. „(...) movies select discrete and, it's hoped, arresting filmic images of landscapes and put them together into a linear sequence with others to make a context peculiar to the movie, not faithful to a landscape."[54] Die reale Landschaft wird zu einer neuen, imaginären Landschaft im Dienste der Narration und entsprechend ihres mythologischen Gehalts zusammengesetzt.[55] In diesem Sinne steht die Landschaft des amerikanischen Westens für Verheißung und Freiheit. Auch wenn die Eroberung des Landes fortschreitet, wird im Western ein Bild von der Wildnis behauptet, das ihren unbezähmbaren, feindlichen Charakter romantisiert und als positiven Gegenpol zur Zivilisation darstellt.[56]

2.1.3.2 Der Ort der Frau in Weste(r)n und Landschaft

Der narrative Raum des Westerns und der Landschaft des Weste(r)ns ist hauptsächlich dem Agieren männlicher Helden vorbehalten: „A Western, after all, characteristically focuses on *male* concerns (law and order, wandering versus settling, the individual versus the group), on *male* actions (showdowns, shoot-outs, cattle drives, bank robberies, territorial disputes, etc.) and on *male* protagonists."[57] Das Genre dichotomisiert die ihm zur Verfügung stehenden Räume Wildnis/Zivilisation den Geschlechtern entsprechend und stellt auch innerhalb der getrennten Bereiche noch einmal Dichotomien auf.

So ist zunächst die Unterscheidung der „weißen", europäischstämmigen Pioniersfrau und der „roten", indianischen Frau auszumachen. Letztere stellt das verführerische fremde weibliche Wesen dar, das der Wildnis zugeordnet ist und die Integrität des weißen Westerners bedroht. Die indianische Frau erfährt im Western eine negative Bewertung.[58] Die weiße Frau dagegen wird als Sinnbild der Zivilisation und der damit einhergehenden familiären traditionellen und moralischen Werte besetzt. Dies offenbart sich im gängigen Rollenrepertoire der Lehrerin, Farmersfrau und Mutter, denen immer geschlossene, mindestens aber fest umrissene Räume als Handlungsspielräume zur Verfügung stehen. Die Rollen der kessen Saloonunterhalterin

---

[54]Ford, Richard. 1991. „Place qua Place." *American Film* 16: 10, November/Dezember, 68.
[55]Vgl. Taubin, Amy. 1991. „Ridley Scott's Road Work." *Sight and Sound* 1: 3, Juli, 18-19; vgl. Baudrillard, Jean. 1995. *Amerika*. München: Matthes & Seitz, 12; vgl. ebd., 44; vgl. Beauvoir, Simone de. 1988. *Amerika Tag und Nacht. Reisetagebuch 1947*. Reinbek bei Hamburg: Rowohlt Taschenbuch, 152; vgl. Makavejev, Dusan. 1994. „La vie en tant que „remake"." *Positif* 400, Juni, 76f; vgl. Roux, Hervé le. 1986. „One More Time." *Cahiers du Cinéma*. 388, Oktober, 41; vgl. auch d'Eramo, Marco. 1996. *Das Schwein und der Wolkenkratzer. Chicago: eine Geschichte unserer Zukunft*. München: Kunstmann, 70.
[56]Vgl. D. Rünzler (1995: 45-53): zur Bedeutung von Wildnis im amerikanischen Kontext im Gegensatz zum europäischen Naturbegriff; vgl. Klinger, Barbara. 1997. „The Road to Dystopia. Landscaping the nation in *Easy Rider*." In: Cohan/Hark (Hg.), 1997, 189: „(The) vision of wilderness is carefully tied to a sense of US history, at least as it has been immortalized in images from the classic Western."
[57]S. Morrison (1988: 41; Hervorhebung der Autorin).
[58]Vgl. D. Rünzler (1995: 67ff); G. Seeßlen (1995: 15ff).

und Prostituierten bilden lediglich in der moralischen Bewertung einen Gegensatz zu Vorangehenden; auch sie agieren in beschränkten Räumen.[59] Alle weiblichen Positionen stellen für die männliche Figur eine Bedrohung dar, weil sie seinen Freiheitsbegriff – in sexualisierter oder moralisierter Form – beeinträchtigen. Er wird zum Grenzgänger und bewegt sich in beiden Narrationsräumen Zivilisation und Wildnis, während die Frauenfiguren des Westerns in den meisten Fällen auf einen der beiden Räume beschränkt bleiben:

> Der Western ist das universale Männermärchen; er handelt in seinem Kern davon, dass das Werden der Nation und das Sein der Männer (ihr Drama von Entfremdung, Opfer und Erlösung) identisch sind; die ursprüngliche „Frau" im Western ist das Land selber. Jede andere „echte" Frau ist dazu schon komplementär, eine Ableitung oder Konkurrenz. (...) Im Western hat sich der männliche Held ein Außen zurückerobert, eine „eigene Welt", die gegen die ausgerichtet sein muss, die von der Frau am heimischen Herd und in der Schule beherrscht wird.[60]

Warum wurden „Frauen mit einer derartigen Selbstverständlichkeit den traditionell weiblichen Bereichen zugeordnet"[61]? Woher rührt die Tradition „weiblicher Bereiche"? Warum erscheint im Gegenzug der öffentliche, wilde Raum als „männlicher Bereich"? Wie verbinden sich aus historischer Perspektive die Dichotomie des Raums und die Dichotomie festgelegter Geschlechtercharakterisierungen?

Exkurs: Weltseyn versus Hausseyn

Die folgenden Ausführungen verlassen für einen Moment den Rahmen der streng filmwissenschaftlichen Untersuchung und des amerikanischen Kontexts und wenden sich stattdessen einer bestimmten Phase geistesgeschichtlicher, soziokultureller und ökonomischer Entwicklungen in Europa zu, um die Engführung der geschlechtsspezifischen Binarismen mit dichotomisierten Räumen aufzuzeigen.

---

[59]Vgl. D. Rünzler (1995: 58-65 „Die weiße Frau im Wilden Westen"); vgl. R. Wood (1986: 204): „the Western traditionally offered women two options, the rancher's wife or the saloon entertainer"; vgl. G. Seeßlen (1995: 245); vgl. K. Esders-Angermund (1997: 145): „offensichtliche Marginalisierung der weiblichen Komponente".
[60]G. Seeßlen (1995: 244/244-250 „Go west, young woman"); vgl. D. Rünzler (1995: 139). In diesem Zusammenhang interessant ist der Western *Westward the Women*, der sehr deutlich die Polarität von Nomadentum und Sesshaftigkeit demonstriert. Der Western erzählt vorrangig von der Karawane der Frauen (gleichlautend der deutsche Titel), die in den *Wilden Westen* aufbricht, um mit der dortigen Männergesellschaft die notwendige Zivilisation und Verwurzelung zu ermöglichen. Vgl. auch Schülting, Sabine. 1997. *Wilde Frauen, fremde Welten. Kolonisierungsgeschichten aus Amerika*. Reinbek bei Hamburg: Rowohlt Taschenbuch.
[61]D. Rünzler (1995: 139).

Das Denkmuster, das über Jahrhunderte hinweg die Vorstellungen der Geschlechterdifferenz geprägt hat, zeichnet sich durch Asymmetrie aus, denn die Gleichsetzung von Mensch und Mann machte ihn zum Maßstab aller Dinge, während die Frau, als mangelhaftes, unvollkommenes Wesen angesehen, abgegrenzt wurde. Im späten 17. und im 18. Jahrhundert wurde diese Opposition von aufklärerischen Kreisen in Frage gestellt – man ging davon aus, dass der Intellekt keiner geschlechtsspezifischen Beschränkung unterliege.[62] Aber die Ausweitung des angenommenen Egalitätsprinzips auf emanzipatorische Ansprüche in der Ehe und die demokratischen Forderungen der Menschenrechte auch für Frauen im Zuge der Französischen Revolution fanden ebenda eine strenge Zurückweisung. Frauen, die nicht nur auf intellektueller Ebene in die bisher dem männlichen Menschen vorbehaltene Sphäre eindrangen, sondern auch nach gesellschaftlich ebenbürtiger Integration trachteten, hatten ihre Grenzen überschritten und stellten eine massive Bedrohung der gesellschaftlichen Ordnung dar.[63]

Die Reaktion auf das aufbegehrende Verhalten mündete in einem umfassenden Rekonstruktionsprozess der weiblichen Rolle in der Gesellschaft und ihres Wirkungsorts in der Familie durch die Aufklärung. Dabei dienten die Schriften Rousseaus, die Mann und Frau als binäre Opposition gegeneinander stellten, als gedankliche Grundlagen bezüglich der Polarisierung der Geschlechter und ihrer hierarchisierten Wertung.[64]

Diese Gegenbewegung führte in ihrem Einfluss auf das Leben und den Status von Frauen vor allem auch räumliche Implikationen in einschränkender Form mit sich. So lässt sich Rousseau in seinem *Brief an d'Alembert über das Schauspiel*, der eigentlich vor den Gefahren des Theaters warnt, auch über den Platz der Frauen in der Gesellschaft aus:

> Selbst wenn man leugnen könnte, dass ein besonderes Schamgefühl den Frauen natürlich ist, wäre es doch nicht weniger wahr, dass ihnen in der Gesellschaft ein häusliches und zurückgezogenes Leben zukommt (...) Eine Frau außerhalb des Hauses verliert ihren schönsten Schmelz, und ihres wahren

---

[62] Vgl. Schabert, Ina. 1995. „Gender als Kategorie einer neuen Literaturgeschichtsschreibung." In: Bußmann, Hadumod/Hof, Renate (Hg.). *Genus – zur Geschlechterdifferenz in den Kulturwissenschaften*. Stuttgart: Kröner, 170f.
[63] Vgl. Badinter, Elisabeth. 1997. *Die Identität des Mannes. Seine Natur, seine Seele, seine Rolle*. München: Piper, 26. Sie nennt als Beispiel für die Herausbildung emanzipierter Frauen die französische Précieuse; ebd. (1997: 24); vgl. Hausen, Karin. 1976. „Die Polarisierung der „Geschlechtscharaktere" – Eine Spiegelung der Dissoziation von Erwerbs- und Familienleben." In: Conze, Werner (Hg.). *Sozialgeschichte der Familie in der Neuzeit Europas. Neue Forschungen*. Stuttgart: Ernst Klett, 372; vgl. Honegger, Claudia. 1991. „Weibliche Selbstreflexion um 1800." In: Dies. *Die Ordnung der Geschlechter. Die Wissenschaften vom Menschen und das Weib. 1750-1850*. Frankfurt a.M./New York: Campus, 13-45; vgl. Bovenschen, Silvia. 1979. „Die ‚weibliche Gelehrsamkeit' und die gelehrten Frauen." In: Dies. *Die imaginierte Weiblichkeit. Exemplarische Untersuchungen zu kulturgeschichtlichen und literarischen Präsentationsformen des Weiblichen*. Frankfurt a.M.: Suhrkamp, 80-149.
[64] Vgl. I. Schabert (1995: 172); vgl. C. Honegger (1991: 47ff).

Schmuckes beraubt, ist ihr Auftreten unschicklich. (...) Was sie auch tun mag, man fühlt, dass sie in der Öffentlichkeit nicht am Platz ist (...).[65]

Deutlich kommt an dieser Stelle das Gefühl der Überschreitung dessen, was angemessen ist, zum Ausdruck. Rousseaus Ablehnung gegen „gemischte Gesellschaften", die die Tugend der Frau und die Integrität des Mannes gefährden, und seine Befürwortung der Geschlechtertrennung auch in räumlicher Hinsicht zielen auf die Entlastung des Mannes ab, der sich nur dann erfolgreich den Belangen der Republik zuwenden kann. Rousseau legitimiert seine Argumentation, indem er sich auf Praktiken der Antike bezieht: „Bei allen zivilisierten Völkern des Altertums lebten sie (die Frauen; A.S.) sehr abgeschlossen, sie zeigten sich selten in der Öffentlichkeit, nie mit Männern, und sie gingen mit ihnen nicht aus (...)."[66]
Im deutschsprachigen Geistesleben fand Rousseau großen Zuspruch. Auch hier erstarkte die Idee, der kulturelle Fortschritt werde durch Einmischung der Frau bedroht. Frauen sollten daher ihre kurzzeitige Partizipation am gesellschaftlichen und geistigen Leben als Überschreitung ihrer Befugnisgrenzen einsehen und sich an den ihnen angemessenen Ort ihrer natürlichen Bestimmung zurückziehen: in die Familie, das Heim.[67]

Untermauert wurde der von der männlich besetzten geistigen Elite aufs Neue bekräftigte Dualismus der Geschlechter durch Erkenntnisse aus den aufkommenden medizinisch-philosophischen Wissenschaften vom Menschen, wie Anthropologie, Physiologie, Psychologie und Gynäkologie, die das bis dahin geltende *one-sex-model* widerlegten.[68]

> Die vergleichende Anatomie wird die Basiswissenschaft zur Bestimmung der menschlichen Natur wie zur Konzeptualisierung der Differenzen in der körperlichen Organisation der beiden Geschlechter. Auf „evidenten" anatomischen Unterschieden aufbauend, sind philosophisch inspirierte Physiologen und physiologisch belehrte Philosophen (...) dabei, die allgemeinen wie die geschlechtsspezifischen Relationen zwischen dem Physischen und dem Moralischen zu ergründen.[69]

---

[65] Rousseau, Jean-Jacques. *Brief an Herrn d'Alembert. Über seinen Artikel „Genf" im VII. Band der Enzyklopädie und insbesondere über den Plan, ein Schauspielhaus in dieser Stadt zu errichten.* 1758. In: Ders. Schriften. Bd. 1. Hg. von Henning Ritter. München/Wien: Carl Hanser 1978, 423.
[66] J.-J. Rousseau (1978: 424); vgl. C. Honegger (1991: 50f).
[67] Vgl. C. Honegger (1991: 47-50 „Das Unbehagen in der Zivilisation"); sie nennt die Schriften Kants, Wielands, Herders, später auch Fichtes; im direkten Bezug zu Rousseau bildet Brandes, Ernst. 1787. *Ueber die Weiber*. Vgl. C. Honegger (1991: 47); Kritik an dieser Haltung gab es kaum, eine Ausnahme war Theodor Gottlieb von Hippel, vgl. dazu C. Honegger (1991: 78-85).
[68] Vgl. I. Schabert (1995: 173); vgl. E. Badinter (1997: 19f); vgl. Laqueur, Thomas. 1996. *Auf den Leib geschrieben. Die Inszenierung der Geschlechter von der Antike bis Freud.* München: Deutscher Taschenbuch Verlag.
[69] C. Honegger (1991: 42).

Merkmale des Körpers – wie zum Beispiel die Irritabilität der Muskeln, die Größe des Gehirns und, im Falle der Frau, vor allem die Existenz des Uterus und der Eierstöcke – belegen in der Meinung der neuen Experten die Schwäche und Unterlegenheit der weiblichen Körperorganisation und seine Naturhaftigkeit. Hinsichtlich der moralischen Verfassung konnten Tugenden wie Sanftmut, Anteilnahme, Mitleid nun als positiv gewertete, „weibliche" Eigenschaften wissenschaftlich abgesichert werden, da sie augenscheinlich von der organischen Schwäche und Sensibilität des Körpers herrührten.

Es sind genau diese Rückschlüsse von der körperlichen Konstitution auf geistige Verfassung und soziokulturelle Position, die dem weiblichen Geschlecht aufgrund der nun am Körper belegten Andersartigkeit bestimmte Funktionen zuwiesen, die ihre Aufgabe der Sorge um Fortpflanzung und Nachwuchs bekräftigten und sich durch massive Einschränkungen des Wirkungsgrads und Wirkungsraums auszeichneten: „Die Schwäche der Muskeln flößt den Weibern eine ‚instinctartige Abneigung' gegen gewaltsame Bewegungen ein und lädt zu stillen Vergnügungen und sitzender Lebensweise ein (...)"[70] Auch hier schimmert Gedankengut aus dem Altertum, maßgeblich aus den Schriften Aristoteles' durch: „Und für die Arbeit besitzt der eine Teil die Sesshaftigkeit, während er für den Außendienst zu schwach ist, der andere ist zum Stillstand weniger geschaffen, während die Bewegung ihm gut tut."[71] Neu ist, dass nun – rückblickend – wissenschaftliche Erklärungen für die schon lange geltenden soziospatialen Verhältnisse aufgrund der körperlichen Konstitution möglich werden.

Immer klarer ließ sich die Geschlechterdifferenz als raumorientierter Dualismus von innerweltlichem Handeln versus innerleiblichem Dulden, von „Weltseyn versus Hausseyn"[72] erfassen, der „universales Zuordnungsprinzip"[73] wurde und entsprechende Kontrasteigenschaften, nun ‚wissenschaftlich' belegt, nach sich zog, wie Aktivität versus Passivität, Bewegung versus Ruhe, Kraft versus Schwäche, Mut versus Ängstlichkeit, Angriff versus Verteidigung, Produktion versus Rezeption, Unabhängigkeit versus Abhängigkeit, Fortschritt versus Stillstand, Geschichtsfähigkeit versus Geschichtslosigkeit, Macht versus Ohnmacht. Die Behauptung, die einander ausschließende Gegensätzlichkeit der Geschlechter sei notwendigerweise komplementär und stelle nur in

---

[70] Wiedergabe Cabanis, Pierre-Jean-Georges. 1804. *Ueber die Verbindung des Physischen und Moralischen in dem Menschen.* Hg., übers., ergänzt von Ludwig Heinrich Jakob. 2 Bände. Halle/Leipzig (Originalausgabe *Rapport du physique et du moral de l'homme*, Paris, 1802), nach C. Honegger (1991: 158). Vgl. P. Cabanis (1804: 333f) zit. nach C. Honegger (1991: 160): „Allenthalben musste daher die Frau (...) wegen ihrer Schwäche in dem Innern des Hauses oder der Hütte bleiben."
[71] Aristoteles. 1947. *Über Hauswirtschaft Buch 1.* Hg. von Paul Gohlke. Die Lehrschriften. Paderborn: Ferdinand Schöningh, 19f.
[72] Hillebrand, Joseph. 1822-1823. *Die Anthropologie als Wissenschaft.* 2 Bände. Mainz, zit. nach C. Honegger (1991: 192).
[73] K. Hausen (1976: 370).

Ergänzung das ideale Modell vor, diente gleichzeitig zur Betonung und Aufrechterhaltung des Dualismus.[74] Dass die medizinische Beschäftigung mit dem menschlichen Körper noch keine exklusive Wissenschaft, sondern auch für die Kulturschaffenden von großem Interesse war und dass auch hier die Geschlechterdifferenz ganz eindeutig an eine Trennung der Lebensräume gekoppelt wurde, belegt zum Beispiel eine Textpassage Schillers, selbst „ein engagierter Pionier der deutschen medizinischen Psycho-Physiologie":[75]

> Der Mann muss hinaus
> Ins feindliche Leben,
> Muss wirken und streben
> Und pflanzen und schaffen,
> Erlisten, erraffen,
> Muss wetten und wagen,
> Das Glück zu erjagen.
> ...
> Und drinnen waltet
> Die züchtige Hausfrau,
> Die Mutter der Kinder,
> Und herrschet weise
> Im häuslichen Kreise[76]

Während der Mann Mensch sein kann, ohne mit bestimmten Funktionen näher benannt werden zu müssen, präsentiert Schiller im *Lied von der Glocke* anhand seines weiblichen Figurenpersonals alle Phasen und Rollen, die die Natur für das weibliche Geschlecht bereithält, vom Mädchen als Jungfrau über Braut und Gattin bis zur Mutter, und konsequent werden sie mit dem Verharren im Haus assoziiert. Nur an einer weiteren Stelle räumt Schiller einer weiblichen Figur einige Zeilen mehr ein:

> Von dem Dome,
> Schwer und bang,
> Tönt die Glocke,
> Grabgesang.
> ...
> Ach! die Gattin ist's, die teure,
> Ach! es ist die treue Mutter,
> ...

---

[74]In dieser Argumentation herrscht keine Ungleichheit zwischen den Geschlechtern, da sie aufgrund der Verschiedenheit nicht verglichen werden können. Vgl. K. Hausen (1976: 373).
[75]C. Honegger (1991: 185); vgl. K. Hausen (1976: 372): „Das gesuchte Legitimations- und Orientierungsmuster geschaffen zu haben, ist die Leistung der deutschen Klassik (...)."
[76]Friedrich Schiller. *Das Lied von der Glocke*. 1797-1799. In: Ders. Werke und Briefe in zwölf Bänden. Bd. 1. Hg. von Otto Dann/Axel Gellhaus u.a. Frankfurt a.M.: Deutscher Klassiker Verlag 1992, 59.

Ach! des Hauses zarte Bande
Sind gelöst auf immerdar,
Denn sie wohnt im Schattenlande,
Die des Hauses Mutter war[77]

Innerhalb dieses kurzen Werkes schließt der hochgeschätzte Vertreter europäischen Kulturguts eine Klammer, die ihre Spiegelung in einem überlieferten Sprichwort der außereuropäischen Kultur der Berber findet: „Die Frau hat nur zwei Wohnbereiche: das Haus und das Grab."[78] Schillers Verse besitzen, in literarischer Verhüllung, inhaltlich die gleich Prägnanz und Brisanz und avancieren zum „Zitatenschatz der deutschen Sonderanthropologen."[79]

Die psycho-physiologischen Erkenntnisse, die einen kausalen Zusammenhang zwischen angeblich geschlechtsspezifischen Körpermerkmalen, des so genannten Wesens, der sozialen Rolle und des entsprechenden Wirkungsraums insbesondere des weiblichen Menschen herstellten, lassen sich als Strategie zur Wahrung der männlichen Machtposition im politischen und gesellschaftlichen Leben interpretieren. Diesem Interesse kam die beginnende ökonomische Umwälzung in Verbindung mit einer räumlichen Neuordnung der Gesellschaft entgegen, denn damit ließ sich der auf neue Art konstruierte Dualismus der Geschlechter auf einer weiteren Ebene legitimieren und institutionalisieren.[80]
Durch die Industrialisierung erfuhr der städtische Raum eine deutliche Aufteilung in die Welt der bezahlten Arbeit und die Welt des Heims:

> Das, was wir heute mit Öffentlichkeit und Privatheit ansprechen, steckt im 19. Jahrhundert in der seit der Jahrhundertmitte immer geläufigeren Gegenüberstellung von öffentlichem Leben, öffentlichem Erwerbs- und Staatsleben (...) und dem auch in der bildenden Kunst gern gestalteten Gegenbild vom häuslichen Zirkel, häuslichen Kreis, heimischen Herd (...).[81]

---

[77]F. Schiller (1992: 63); vgl. zum Weiblichkeitsbild bei Schiller: S. Bovenschen (1979: 220-244 „Die Ohnmacht des ‚schönen Verstandes'" und die Vermögen der ästhetischen Urteilskraft" und 244-256 „Poetologische Begründungen poetischer Inkompetenz").
[78]Zit. nach Pierre Bourdieu. 1971. „The Berber House." In: Spain, Daphne. 1997. „Räumliche Geschlechtersegregation und Status der Frau." In: Völger, Gisela (Hg.). *Sie und Er. Frauenmacht und Männerherrschaft im Kulturvergleich*. Köln: Rautenstrauch-Joest-Museum, 33.
[79]C. Honegger (1991: 185). Z.B. Baer, Karl Ernst von. 1824. *Vorlesungen über Anthropologie für den Selbstunterricht bearbeitet*. 1. Bd. Königsberg, 513: „Des Mannes Streben ist nach außen auf ein weites Feld gerichtet, das Weib sorgt im engern Kreise der Familie." Zit. nach C. Honegger (1991: 210).
[80]Vgl. I. Schabert (1995: 176f); vgl. L. McDowell (1999: 79).
[81]Hausen, Karin. 1992. „Öffentlichkeit und Privatheit. Gesellschaftspolitische Konstruktionen und die Geschichte der Geschlechterbeziehungen." In: Hausen, Karin/Wunder, Heide (Hg.). *Frauengeschichte – Geschlechtergeschichte*. Frankfurt a.M./New York: Campus, 85; vgl. auch K. Hausen (1976: 383f): Sie betont, dass diese Aufteilung im Unterschied zu Landbevölkerung, Gewerbe und Arbeiterschaft vor allem für das Bildungsbürgertum und das neu entstehende Beamtentum galt; vgl. L. McDowell (1999: 123).

Diese neu benannten Räume – Öffentlichkeit im Außenraum und Privatheit im Innenraum – korrespondierten hervorragend mit der mittlerweile ausgereiften „Polarisierung der ‚Geschlechtscharaktere'".[82] Obwohl auch Frauen an der neuen Arbeitsmarktsituation teilhatten, wurden sie unter Berufung auf ihre geschlechtsspezifische Wesenheit ausgeschlossen, wobei man(n) diese Aufteilung als komplementäres Ideal proklamierte: „So wird mittels der an der ‚natürlichen' Weltordnung abgelesenen Definition der ‚Geschlechtscharaktere' möglich, die Dissoziation von Erwerbs- und Familienleben als gleichsam natürlich zu deklarieren (...)."[83]

Das weibliche Geschlecht avancierte aufgrund seiner ermittelten Naturbestimmung zum „angel of the home"[84], dessen Eigenschaften dazu befähigten, das Heim in ein Refugium der Ruhe und Liebe zu verwandeln, wohin sich das männliche Geschlecht von der als zunehmend feindlich angesehenen Arbeitswelt zurückziehen konnte.

Wenn überhaupt auf dem Arbeitsmarkt tätig, waren Frauen in Bereichen beschäftigt, die ihnen – etwa als Hausbedienstete – wiederum die „Sicherheit" eines häuslichen Innenraums eröffneten; weibliche Erwerbstätigkeit wurde ebenfalls durch die räumliche Trennung der Arbeitsbereiche unter Kontrolle gehalten.[85] Dem zugrunde lag die Darstellung des öffentlichen Raums als Gefahr für Leib und Seele der Frau, und umgekehrt erneuerte sich die Behauptung, Frauen gefährdeten ihrerseits die Öffentlichkeit und deren sittliche Unbeschadetheit. Die Überschreitung dessen, was als angemessen galt – und das war im Falle der Frau die naturalisierte Verbindung mit dem heimischen Innenraum –, hatte schwerwiegende Konsequenzen: „(...) women who did not conform or keep to their place were constructed as wicked or fallen, subjected to abuse or vulnerable to physical danger, forcing them to reconsider their decision to participate in the public sphere."[86]

---

[82] K. Hausen. 1976. „Die Polarisierung der „Geschlechtscharaktere" – Eine Spiegelung der Dissoziation von Erwerbs- und Familienleben."
[83] K. Hausen (1976: 378); vgl. L. McDowell (1999: 73).
[84] L. McDowell (1999: 75-80 „Angels of the home"); die Bedeutung der Hausarbeit als Arbeit wurde ignoriert.
[85] Vgl. L. McDowell (1999: 123-147„Work/Workplaces"); vgl. D. Spain (1992: 169-197 „The Nineteenth-Century Workplace", und 199-229 „The Contemporary Workplace").
[86] L. McDowell (1999: 149/148-169 „In Public: the Street and Spaces of Pleasure"); vgl. D. Spain (1992: 65-79 „Ceremonial Men's Huts"). Die Autorin berichtet von diversen nichtindustriellen Gesellschaften, in denen Frauen die Todesstrafe drohte, wenn sie zu bestimmten Zeiten die räumlich festgelegten Grenzen überschritten: „Such dire consequences (like death; A.S.) of being out of one's proper place do not accrue to men." ebd. (1992: 78f).

Die „Doktrin der *divided spheres*"[87] schloss die Konnotation Moral versus Unmoral in der Verbindung zum Aufenthaltsort von (verheirateter) Frau im privaten Innenraum und öffentlichen Außenraum ein. Beeinflusst durch die religiöse Sittenstrenge des Puritanismus prägte sie sich besonders stark in Großbritannien und in den USA aus und wurde auch von der vorherrschenden Architektur unterstützt. Die Trennung, Spezialisierung und Hierarchisierung der Räume im viktorianischen Ideal-Wohnhaus (beispielsweise *smoking room* für Männer und *drawing room* für Frauen) fand sich im amerikanischen Baustil wieder; diese Form von spezialisierter und geschlechtsspezifischer Raumtrennung lässt erst Ende des 19. Jahrhunderts nach.[88] Unter dem Gesichtspunkt des Städtebaus lassen sich die amerikanischen *suburbs* als geschlechtsspezifische urbane Raumtrennung interpretieren.[89]
Die häusliche Weiblichkeit/weibliche Häuslichkeit galt als Quelle der Tugenden und stellte Ordnung her und sicher: „Order within the household was expected to create order in society."[90] Auch hier war die Verherrlichung der Mutter als überlegene moralische Instanz, die Amerika das notwendige Maß an Zivilisation zuteil werden ließ, als Programm zur Stabilisierung der sozialen Ordnung gedacht, denn Amerika erlebte sowohl durch die noch andauernde Besiedelung als auch durch die schon einsetzende Industrialisierung starke Wandlungen. Allerdings hatte die Institutionalisierung der Frau als Mutter mit bedeutender Macht im Alltag die Ausweitung ihrer Autorität zur Folge und steigerte sich bis zur Entwicklung eines wahren „cult of domesticity"[91]. Sie mündete gegen Ende des 19. Jahrhunderts in der ersten Frauenbewegung, die Rechte, Bildung und neue Betätigungsfelder außerhalb des Hauses einforderte.

---

[87] I. Schabert (1995: 177; Hervorhebung der Autorin); Kerber, Linda K. 1992. „Separate Spheres, Female Worlds, Woman's Place: The Rhetoric of Women's History." In: Cott, Nancy F. (Hg.). 1992. *History of Women in the United States. Historical Articles on Women's Lives and Activities. Vol. 4: Domestic Ideology and Domestic Work.* München/London/New York/Paris: Saur, 173-203.
[88] Zur Bedeutung der Architektur für das Konzept der *divided spheres* vgl. D. Spain (1992: 111-139 „From Parlor to Great Room", Unterkapitel „British Precedents" und Unterkapitel „American Housing Design").
[89] Vgl. dazu M. d'Eramo (1996: 134-137); vgl. Friedan, Betty. 1979 (1970). *Der Weiblichkeitswahn oder Die Selbstbefreiung der Frau. Ein Emanzipationskonzept.* Erw. Neuausgabe. Reinbek bei Hamburg: Rowohlt Taschenbuch. Thema ist die amerikanische Vorort-Hausfrau in den fünfziger Jahren; vgl. S. de Beauvoir (1988: 87).
[90] D. Spain (1992: 123); vgl. L. McDowell (1999: 77ff).
[91] D. Spain (1992: 122f). Die moralische Autorität zeigte sich zum Beispiel in kirchlicher Gemeindearbeit oder im Beruf der Lehrerin, die ebenfalls als Personifizierung der sittlichen Zivilisation galt. Vgl. D. Rünzler (1995: 58ff „Die weiße Frau im Wilden Westen"); vgl. E. Badinter (1997: 112); vgl. I. Schabert (1995: 178); vgl. K. Hausen (1976: 380); vgl. Cott, Nancy F. (Hg.). 1992. *History of Women in the United States. Historical Articles on Women's Lives and Activities. Vol. 4: Domestic Ideology and Domestic Work.* München/ London/New York/Paris: Saur.

Nachdem das Augenmerk immer auf der Besonderung der Frau, der Betonung ihrer Andersartigkeit und auf der Festschreibung der räumlichen Trennung gelegen hatte, entpuppte sich nun auch der als spezifisch weiblich festgelegte Tatendrang als Überschreitung der Grenzen ihres Wirkungsraums von Heim und Familie. Aus Furcht davor, das unangemessene Verhalten der Frauen könnte zu einer Verweiblichung der Kultur führen, „bestrafte" die amerikanische Männerwelt sie durch Denunzierung, und die Überschreitung wurde als Schande für das weibliche Geschlecht dargestellt. Frauen, die ihren angestammten Raum, das heißt die Sphäre des Weiblichen verließen, konnten darum keine Frauen mehr sein: „man behandelte diese Frauen als ‚drittes Geschlecht' oder ‚Mannweiber'."[92]
Umgekehrt hatte sich die alleinige Beanspruchung der Arbeitswelt als Wirkungsraum dahingehend negativ ausgewirkt, dass sie den Mann absorbiert und seine Autorität zunichte gemacht hatte. Zur Stärkung der bedrohten Männlichkeit war es notwendig, neue Orientierungsmuster und Identifikationsmodelle zu schaffen. Das gelang durch die Einführung neuer Sportarten wie Football und Baseball, bei denen der Sportplatz wieder die öffentliche Arena war, in der Bewegung, Stärke und Kampfgeist bewiesen werden konnten. Ebenso zeigte sich die Gründung der Pfadfinderbewegung als Programm, das die wilde Natur Amerikas zum Ort männlicher Selbstbestätigung aufwertete.[93] Als Gegenpol zur *domestic novel*, deren Autorinnen den Häuslichkeitskult thematisierten und die sich großer Beliebtheit erfreuten,[94] etablierte sich nun das Western-Genre, dessen Narration es gelingen sollte, den Mann als Cowboy wieder seinem wahren Wirkungsbereich im Außenraum und allen damit verbundenen Eigenschaften zuzuführen und die Frau im Innenraum zu bannen.

Zusammenfassend lässt sich eine Art Kreisbewegung feststellen, die sich auch im 20. Jahrhundert noch mehrfach wiederholt.[95] Wenn Frauen geistig in Bewegung geraten, den ihnen zugeschriebenen Innenraum physisch überschreiten und ihren Wirkungsradius ausdehnen, wird dieses Bestreben als Bedrohung des Einfluss- und Machtbereichs im männlich kodierten

---

[92] E. Badinter (1997: 34); sie verweist auf Kimmel, Michael S. 1987. „The Contemporary ‚Crisis' of Masculinity." In: Brod, Harry (Hg.) *The Making of Masculinities. The New Men's Studies*, Boston: Unwin Hayman, 121-153; vgl. D. Rünzler (1995: 60f).
[93] Vgl. D. Rünzler (1995: 50ff); vgl. E. Badinter (1997: 111-121 „Die Industriegesellschaften: wichtiger als die Väter sind die Kameraden").
[94] Vgl. D. Rünzler (1995: 60); vgl. D. Spain (1992: 122); vgl. Baym, Nina. 1978. *Woman's Fiction. A Guide to Novels by and about Women in America 1820-1870*. Ithaca/London: Cornell UP; vgl. Fluck, Winfried. 1997. *Das kulturelle Imaginäre. Eine Funktionsgeschichte des amerikanischen Romans 1790-1900*. Frankfurt a.M.: Suhrkamp.
[95] Die dargestellte Entwicklung setzt sich in verschiedener Ausformung fort, z.B. in der weiterführenden physio-psychologisch orientierten Schrift *Über den physiologischen Schwachsinn des Weibes* eines Paul Julius Möbius, vgl. Honegger (1991: 198f); in den zwei Weltkriegen als Formen der Rückversicherung des männlichen Subjekts oder im neuen Weiblichkeits-Häuslichkeitskult der fünfziger Jahre in den USA; vgl. B. Friedan (1979).

Außenraum ausgelegt. Etablierte Raumgrenzen fordern entsprechend angepasstes, als angemessen ausgelegtes Verhalten; ihre Überschreitung hat die Bezichtigung der Unangemessenheit und die erneute Restriktion als eine Art Strafe zur Folge: Verschiedene Strategien erzielen die wiederholte Re-Konstruktion, Naturalisierung und Institutionalisierung der Dichotomie der Geschlechter einschließlich getrennter Raumzuschreibungen.
Auch die kulturellen Repräsentationsformen richten sich nach diesem Muster: Die Frau in dem ihr zugeschrieben Raum wird als gut und moralisch integer dargestellt und glorifiziert. Räumt ihr die Darstellung die Überschreitung der Grenzen dieses Raums ein, erscheint die Frau entweder als gefährdet oder als Gefahr für die Stabilität der herrschenden Ordnung; mit dem Etikett der Unmoral versehen, untergräbt sie die Autorität und Integrität des Mannes.

2.2 Road Movie als Raum Movie

Das Western-Genre entwickelt sich unmittelbar aus der Zeit heraus, als der nordamerikanische Kontinent die letzte Phase seiner Entdeckung und Eroberung durch die weißen Siedler erlebt, und widmet sich der *frontier*-Erfahrung des Westerners zwischen vorrückender Zivilisation und zurückgedrängter Wildnis. Das Interesse der später entstehenden Road Movie-Narration gilt der Suche nach möglicher Freiheit innerhalb des von Ost bis West bevölkerten, das heißt ganz von der Zivilisation ergriffenen Landes. Insofern beschäftigt sich auch das Road Movie mit der Frage nach der amerikanischen Nation und ihrem durch das Western-Genre entscheidend geprägten Mythos, gerade weil der *Wilde Westen* keinen Bewegungsspielraum mehr bietet und als fiktionaler Raum nicht mehr trägt.[96] Entscheidender Faktor der Raumerkundung und Genre-konstituierendes Element ist das zur Reise in den Außenraum notwendige Automobil; die Straße wird zur neuen *frontier*, die im individuellen Abenteuer des Unterwegsseins Gelegenheit zur Flucht aus der Gesellschaft, zur Suche nach anderen Lebensräumen und zur Hinwendung zum Selbst bietet. Auch wenn diese Elemente einen großen Unterschied zum Western markieren, so ist doch der Western-Raum in den Road Movies gegenwärtig und wird auf andere Weise neu thematisiert.

2.2.1 The Great American Two Lane Blacktop[97] – Die Straße

Das perspektivisch auf den Horizont zulaufende Asphaltband des Highways ist heute ganz allgemein das Synonym des Road Movies.[98] Doch schon die

---

[96]Vgl. S. Roberts (1997: 52); vgl. M. Bertelsen (1991: 47).
[97]Vgl. Smith, Julian. 1976. „Getting Stuck in America: Two Interrupted Journeys." *The Journal of Popular Film* V/2, 95; vgl. H.-Y. Rose (1994: 11); gleichnamiger Film *Two-Lane Blacktop*.
[98]Ein Beispiel außerhalb des Films ist die Bewerbungskampagne für das Marlboro-Abenteuerteam 2000 im Herbst 1999, die in der Bildkomposition mehrere typische Road Movie-Elemente aufruft. Auch die Firma Marlboro, deren Werbung ganz klassisch an

befestigten Landstraßen der zwanziger/dreißiger Jahre wurden von Seiten der politischen Öffentlichkeit sowie von Seiten der Kulturproduktion als typisch für die amerikanische Geschichte im Sinne von Mobilität und Fortsetzung der *frontier*-Erfahrung der Pionierzeit empfunden und so dargestellt. Tatsächlich waren die ersten befestigten Straßen die Wege aus der Besiedelungszeit, „Pfade, die von Millionen Füßen von Maultierkarawanen, Millionen Planwagenrädern der Pioniere tief ins Erdreich getrampelt und gemahlen wurden (...)"[99], die Routen von Pony Express, transkontinentaler Telegraphen-Route, Trecks der Indianer und Goldgräber.[100] Hier begann die Produktion des Bildes der amerikanischen Straße als Sinnbild für Amerika, deren Inbegriff die berühmte *Route 66* wurde.[101]

Bevor diesen Landstraßen im Road Movie – teilweise rückwirkend – gehuldigt wird (*Bonnie & Clyde* beispielsweise, 1967 gedreht, spielt in den Dreißigern zur Zeit der *Great Depression*), sind sie schon Gegenstand literarischer Produktion, wie zum Beispiel in John Steinbecks *The Grapes of Wrath* von 1939 oder in Vladimir Nabokovs *Lolita*, erschienen 1955: „Ich habe nie so glatte liebenswürdige Landstraßen gesehen wie jene, die vor uns über den verrückten Quilt der achtundvierzig Staaten hinstrahlten. Gefräßig verschlangen wir diese endlosen Fernstraßen, glitten in entrücktem Schweigen über ihre glänzend schwarzen Tanzböden."[102] Im Gegensatz zu diesem eigentlich nicht als Reiseroman gehandelten Werk steht *On the Road* von Jack Kerouac von 1957,[103] der die Romanhandlung in die späten vierziger Jahre verlegt und – wie der Titel unmissverständlich nahelegt – ausschließlich das Unterwegssein auf den Straßen Amerikas per Automobil thematisiert: „The purity of the road. The white line in the middle of the highway unrolled and hugged our left front tire as if glued to our groove."[104]

Motiven des Westerns (Wildnis, Freiheit, Männlichkeit) ausgerichtet ist, zieht die Verbindung von Western zu Road Movie über die Leitmotive Freiheit und Abenteuer. Das Motiv des auf den Horizont zulaufenden Asphaltbands des Highways füllt den oberen Bildrand der Werbung aus. Das Motto lautet „Living Road Movie. Dein Drehbuch ist die Freiheit." Siehe Anhang 1, S. 88.
[99] Stammel, Heinz J. 1982. *Off Road durch die USA*. Stuttgart: Motorbuch Verlag, 70.
[100] W. Least Heat Moon spricht von „lauter Kommunikationsschichten übereinander" ebd. (1995: 280).
[101] Vgl. Langer, Freddy. 1999. „Der kleine Mann als Held der Straße. 2200 Meilen Asphalt zwischen Chicago und Los Angeles: Versuch einer Annäherung an die Route 66." *Frankfurter Allgemeine Zeitung* 131, 10. Juni, Reiseblatt, R 9-10. Vgl zur Fernsehserie *Route 66* aus den Sechzigern: Alvey, Marc. 1997. „Wanderlust and Wire Wheels. The existential search of *Route 66*." In: Cohan/Hark (Hg.), 1997, 143-164. Vgl. Song *Route 66*, Text und Musik: Bobby Troup, siehe Anhang 2, S. 89.
[102] Nabokov, Vladimir. 1991 (1964). *Lolita*. Reinbek bei Hamburg: Rowohlt Taschenbuch Verlag, 175.
[103] Kerouac, Jack. 1991 (1957). *On the Road*. New York: Penguin Books.
[104] J. Kerouac (1991: 135); zum Einfluss von Kerouacs Roman auf das Road Movie-Personal siehe 2.3.2, S. 37.

Ende der sechziger Jahre wurde die Bedeutung der alten Landstraßen von den so genannten Interstates, den direkten Verbindungsstraßen der Ost- und Westküste der USA, abgelöst, für die Jordans Artikel im *National Geographic* von 1968 in emphatischem Ton wirbt:

> A drive along the Interstate System already provides a vivid lesson in the geography of the United States. The new highways cut through brooding forests and silent deserts; they course the endless prairies, skirt rivers that helped shape the destiny of a continent, and knife through high, lonely mountains. Everywhere you find history, too – battlefields, monuments, yesterday's frontiers.[105]

Indem Jordan den amerikanischen Mythos der Raumdurchquerung und Raumeroberung aufruft und, angewandt auf das Fahrerlebnis auf den neuen Autobahnen, in das ausgehende 20. Jahrhundert transportiert, fiktionalisiert er den realen Vorgang des Ausbau der ökonomischen Infrastruktur. Die Wechselwirkung zwischen realen Gegebenheiten und der kulturellen Produktion von Mythen mit der erneuten Rückwirkung auf die Realität ist, wie die genannten Textbeispiele zeigen, komplex.

Die Straße des Road Movies verweist auf die Abwesenheit von Zivilisation und Gesetzen, von Gesellschaft und dem daran geknüpften Konzept von Häuslichkeit und verlängert so direkt die abenteuerlichen Pfade der Westerner im Western-Genre. Wohnt dem Bild der Straße die Funktion einer Projektions*fläche* inne, so wird sie im Road Movie zu einem Möglichkeits*raum*, in dem die Chance für Identitätssuche und Selbstfindung, Flucht und Neuanfang, Individualismus und Freiheit ausprobiert werden können. Alle Vokabeln des Amerikanischen Traums und des Nationalmythos kondensieren auf diese Weise in dem Bild der amerikanischen Straße,

> but, instead of symbolizing a romanticized America in which the American Dream will come true, it simply asks over and over, as each mile marker is passed, what does America mean today? Are dreams even possible? While the traditional Western often works to resolve and contain disturbances, as in *Stagecoach*, the road tends to reveal the illusory nature of these terms.[106]

Roberts spielt auf die Endlichkeit der Straße und die Allgegenwärtigkeit der bestehenden und gefestigten gesellschaftlichen Ordnung an. Der Film *Easy Rider*, der das Erlebnis der amerikanischen Straße zelebriert und zugleich – vor dem realpolitischen Hintergrund des Vietnamkriegs – den Amerikanischen Traum in Frage stellt, indem er die Erfüllung des Glücksversprechens der Straße negiert, kommt in demselben Jahr – 1969 – in die Kinos, in dem die Mondlandung glückt. Einer der teilnehmenden Astronauten, Michael Collins, sieht darin die endgültige Ablösung des Pionier-Slogans „Go West", der das

---

[105] Jordan, Robert Paul. 1968. „Our Growing Interstate Highway System." *National Geographic* 135: 2, Februar, 201; vgl. auch B. Klinger (1997: 187f).
[106] S. Roberts (1997: 52).

19. Jahrhundert geprägt hat.[107] In einem Land, das – trotz der gerade erst fertiggestellten Interstates – von diesem Moment an dem Motto „Go Up" verpflichtet ist, erscheint die Straße nunmehr als Möbiusschlaufe, die kein Entkommen und auch keine Alternative mehr einräumen und sich nur noch in Form von nostalgischer Sehnsucht nach solchen Möglichkeiten im Road Movie äußern kann.[108] Auf der Straße findet ein Richtungswechsel statt: Den alten Freiheitsslogan ersetzt nun die Parole „Go South", und Mexiko wird zu dem, was früher die Wildnis des nordamerikanischen Westens war, „the old place of nature and freedom, where you go when the West closes down."[109] Daneben galten Alaska und Kanada – im Sinne eines „Go North" – als fremde, freie Räume jenseits der etablierten Ordnung und boten neue Fluchtziele.[110]

2.2.2 Motionless in Motion – Das Automobil

Die Straße, Ausdruck ökonomischer Infrastruktur, ist zugleich ein kulturelles Zeichen mit langer Tradition. Jedoch was wäre sie im Road Movie ohne das zweite Genre-konstituierende Element: das Automobil, Symbol für den Glauben an den technischen Fortschritt des 20. Jahrhunderts. Es ermöglicht das, was die Straße verheißt: die Verwirklichung von Freiheit und Individualisierung.

Obwohl entwicklungsgeschichtlich in Europa verwurzelt, gilt das Auto als amerikanisches Phänomen: Dort wurde es schon in den zwanziger Jahren in Massenproduktion hergestellt und als Massenfortbewegungsmittel eingesetzt. Überdies verweist die mittels des Autos erworbene Fähigkeit zu individueller Mobilität wiederum auf die Wanderungsbewegungen, die die Eroberungsgeschichte des nordamerikanischen Kontinents prägen. Neben seinem Stellenwert als Transportmittel werden auf das Auto bedeutungsvolle Funktionen auch im gesellschaftlichen und kulturellen Gefüge übertragen. So avanciert es zum Beispiel zum Status-Symbol für soziale Zugehörigkeiten und findet als Symbolträger Einlass in die Filmwelt, nicht nur in verschiedenen Film-Genres, sondern auch in Bezug auf den Star-Kult und seine Codes.

In diesem Kontext soll die Bedeutung des Autos für das Road Movie bezüglich seiner Eigenschaften als Raum selbst und als Mittel der Raumerfahrung

---

[107]Zit. nach Günter Siefarth. In: *Helden im All. Ost-West Spektakel Mondlandung.* TV-Dokumentation. Florian von Stetten. Redaktion: WDR/Arte 1999, 45. Min.; vgl. J. Hembus (1979: 186); vgl. B. Klinger (1997: 187).
[108]Vgl. S. Roberts (1997: 55); Leong, Ian/Sell, Mike/Thomas, Kelly. 1997. „Mad Love, Mobile Homes, and Dysfunctional Dicks. On the Road with Bonnie and Clyde." In: Cohan/Hark (Hg.), 1997, 72.
[109]Braudy, Leo. 1991-92. „Satire Into Myth." *Film Quarterly* 45: 2, Winter, 28f. Ein Road Movie, in dem die Flucht nach Mexiko gelingt, ist beispielsweise *The Getaway.* Mexiko wurde in dieser Zeit auch offiziell als Reiseziel beworben, siehe Anhang 3, S. 90.
[110]Vgl. dazu Abercrombie, Thomas J. 1969. „Nomad in Alaska's Outback." *National Geographic* 135: 4, April, 540-566.

kenntlich gemacht werden.[111] Denn diese beiden Charakteristika zeichnen das Auto aus und bündeln sich in dem Phänomen der Gleichzeitigkeit von Bewegungslosigkeit (des im Auto sitzenden Menschen) und Bewegung (des Autos).
Einerseits erscheint das Auto als Ausdehnung des menschlichen Körpers und Ergänzung seiner Fähigkeiten; in der Einheit mit dem ihn umgebenden Fahrzeug wird der Mensch zum Hybridwesen, das sich mit seinem individuellen Fortbewegungsraum – schneller und weiter als je zuvor – überallhin transportieren kann.[112]
Andererseits ermöglicht die immer fortschreitende Technik ein vollkommen neues Gefühl des Unterwegsseins:

> Die Art, wie man die amerikanischen Schlitten anspringen lässt, wie sie dank Automatik und vorgeschriebener Richtung sanft abheben, sich ohne Anstrengung losmachen, den Raum geräuschlos verschlingen, ohne Erschütterung dahingleiten (das Profil der Straßen und Autobahnen ist bemerkenswert, es entspricht in jeder Hinsicht der Flüssigkeit der Mechanik), stotternd, doch weich bremsen, wie auf einem Luftkissen vorwärtsgleiten, ohne von dem bedrängt zu werden, was vor ihnen liegt oder was sie überholt (...) – alles das schafft eine neue Erfahrung des Raums und damit des ganzen sozialen Systems.[113]

Es ist die spezifische Kombination des Automobils – der bewegliche Raum im Raum –, der unser Erleben des zu durchquerenden Raums grundlegend und radikal verändert hat:

> The structure of the car designed both to conform to our bodies' shortcomings and powerfully extend them, has become how we regard the world (...), how we measure the width of continents (which have all become significantly smaller), how we both close ourselves up within our self-made universes and gain access to every corner of the globe.[114]

Im Moment des Fahrens entrückt dem Auto-Insassen die Welt und erscheint wie im Kino, und zwar gedoppelt: Zukünftiges im großen Rahmen der leinwandformatigen Windschutzscheibe und das zurückgelassene Vergangene im kleinen Rahmen des Rückspiegels, „like a miniature movie

---

[111] Weiterführende Aspekte der Verquickung des Phänomens Automobil mit der amerikanischen Kultur sind in der einschlägigen Literatur untersucht worden. Vgl. M. Bertelsen (1991: 2ff); vgl. Becker, Jens Peter. 1989. „Automobil und Film: Die ‚Road Movies' des New Hollywood." In: Ders. *Das Automobil und die amerikanische Kultur.* Trier: WVT Wisssenschaftlicher Verlag Trier, 143-184. Beide geben Hinweise zu weiterer Literatur, wie z.B. Mühlen, Norbert. 1977. *Die Amerikaner.* Frankfurt; Flink, James J. 1975. *The Car Culture.* Cambridge: The MIT Press; ders. 1988. *The Automobile Age.* Cambridge: The MIT Press.
[112] Vgl. Sloterdijk, Peter. 1995. „Rollender Uterus." *Der Spiegel* 8, 130; vgl. T. Corrigan (1992: 146); vgl. H. Eickhoff (1997: 102-110).
[113] J. Baudrillard (1995: 79).
[114] M. Atkinson (1994: 16).

within a movie".[115] Dieser Umstand lässt sich als ausgesprochen amerikanisches Phänomen identifizieren:

> Das amerikanische Auto verwandelt im Fahren alles, was vor seinen Fenstern sich abspielt, in Kino, von dessen Bildbewegungen der Zuschauer unbedingt ausgeschlossen bleibt. (...) Der Blick aus dem Auto transferiert die Objektwelt ins Imaginäre.
> Das sollte für jedwedes Auto in jedwedem geographischen Raum gelten; amerikanisch daran ist, dass Auto wie Kino dortselbst ihre größten Triumphe feierten und von den USA aus die Welt eroberten. Insofern wäre jedweder Blick aus jedwedem Auto in jedwedem geographischen Raum immer auch ein amerikanischer (keuch).[116]

Die amerikanische Straße, „immer in Bewegung, immer vital, kinetisch und kinematographisch",[117] das Asphaltband mit der gestrichelten Linie, die am Horizont verschwindet, verweist auf Film, und zwar auf seine Materialität, auf die sich abspulende performierte Filmrolle – beide scheinbar endlos.[118]
Abgesehen von seinen Wurzeln im Western-Genre, erweist sich das Road Movie-Genre als einzigartige – und überdies spezifisch amerikanische – Verknüpfung der Elemente Auto und Straße, denen die Nähe zum Medium Film schon per se innewohnt. Das Road Movie zelebriert das Auto sowohl als Objekt als auch in den ihm zugewiesenen Funktionen, wie sie hier beschrieben wurden. Es steht, in Verbindung mit der scheinbaren Endlosigkeit der Straße, für individuelle Freiheit und Selbstverwirklichung. Dabei spielt nicht nur die Geschwindigkeit – vor allem in Flucht-Road Movies – eine bedeutende Rolle, sondern auch die Automarke; zu den klassischen, die auch in neuen Road Movies als Referenz auf ihren Wert als Status-Symbol immer wieder klischeehaft auftauchen, zählen Corvette, Thunderbird (kurz T-Bird) und Cadillac.
Mit seiner Betonung von Geschwindigkeit und Markentreue behauptet das Road Movie zugleich eine Art nostalgische Sehnsucht nach der Unschuld des Automobils, die allerdings schon in den vierziger Jahren verloren war und vielleicht nie existiert hat.[119]

---

[115] M. Atkinson (1994: 16); vgl. T. Corrigan (1992: 146): „In this genre, the perspective of the camera comes closest of any genre to the mechanical unrolling of images that defines the movie camera."
[116] Rutschky, Michael. 1997. „Das Auto ist eine Kamera." In: Kunstforum International, 1997, 163.
[117] J. Baudrillard (1995: 31).
[118] Vgl. D. Lyons (1991: 2; Hervorhebung des Autors): „Roads. Not so much cars, but roads. Highways. They are terrain, subject, metaphor – a subtext that devours the text – in what might be called *film asphalte*."
[119] Vgl. T. Corrigan (1992: 147): Er spricht an dieser Stelle von Autos als „grim reminders of repression and death" und fügt eine Unfallstatistik an. Vgl. M. Bertelsen (1991: 41f).

So, wie Autofahren durch den Rahmen der Windschutzscheibe den Blick lenkt und eine Perspektive nach außen schafft, schafft das Auto im Road Movie für die Zuschauer einen Rahmen nach innen: Es funktioniert als Zoom, und zwar auf seine Insassen.[120]

2.2.3 Home Is Where the Good Things Are – Heim und Heimatland

Sowohl der Idee der Selbstverwirklichung als auch der Flucht ist die Frage nach Zugehörigkeit inhärent, und soziale, ideologische, alternative, imaginäre Zugehörigkeit ist auch immer eine Frage der räumlichen Zugehörigkeit. In dieser Hinsicht bewegt sich die Road Movie-Reise zwischen zwei Polen, die in der englischen Sprache durch ein und dasselbe Wort erfasst werden, nämlich ‚home'. ‚Home' bezeichnet einerseits das Heim als Zuhause, andererseits auch die Heimat im Sinne des Heimatlandes. Der Begriff ‚home' verweist auf ein komplexes ideologisches Gebilde, das sehr in Abhängigkeit von historischen Ereignissen der USA steht und immer wieder starke Wertungswandlungen erfährt.[121] Obwohl sich das auch in der Entwicklung des Road Movie-Genres widerspiegelt, muss die Andeutung von Grundzügen der Problematik an dieser Stelle genügen.

Zunächst zeichnet sich das Road Movie durch Abwesenheit von home im Sinne eines Zuhauses aus. Der auf diese Weise zutage tretende Konflikt mit den amerikanischen Sozialwerten, die durch Heirat, Familie, gemeinsames Heim und Häuslichkeit geprägt sind, impliziert auch eine Krisenhaltung zum dominanten Diskurs von Hollywood-Kino, der genau auf diesen Werten basiert. Das Road Movie zeigt die Suche nach individuellen, alternativen Lebenskonzepten und ersetzt die Stabilität des Heims vorübergehend durch Mobilität, negiert sie jedoch nicht grundsätzlich.

In der kritischen Haltung des Road Movies der zivilisierten Gesellschaft gegenüber, deren Inbegriff die Kleinfamilie ist, scheinen Ideen des Westerns durch. Die Erfindung des Western-Genres lässt sich auch als Reaktion auf die von christlichen Werten und vor allem weiblicher Autorschaft geprägte viktorianische Literatur des 19. Jahrhunderts beschreiben. Der Western-Film setzt diese Tradition fort, auch er handelt „about men's fear of losing their mastery, and hence their identity, both of which the Western tirelessly reinvents"[122] Im Gegensatz zur Betonung von Moral, Tugend und Häuslichkeit in der *domestic novel* können Macht und Identität des männlichen Subjekts in der Narration des Westerns im *Wilden Westen*, und im Anschluss daran in der des Road Movies am Steuer eines schnellen Schlittens neu erfunden werden.

---

[120]Diese werden Untersuchungsgegenstand in 2.3, S. 34.
[121]Vgl. L. McDowell (1999: 71ff).
[122]Tompkins, Jane. 1992. *West of Everything: The Inner Life of Westerns*. New York: Oxford University Press, 45, zit. nach S. Roberts (1997: 47). Siehe dazu im Exkurs S. 23.

Die bedrohliche Wirkung der Werte, die ‚home' im Sinne von Heim verkörpert, hat auf die ProtagonistInnen auch während ihrer Reise noch Einfluss. Häufig geraten sie dann in Gefahr, wenn sie Halt machen und sich in einen Innenraum, eine Art Heim am Wegesrand begeben. Dies trifft etwa für *Bonnie & Clyde* zu: „In the spirit of *On the Road*, this thematic association of liberation with motion will persist throughout the film: whenever the members of the Barrow gang are stationary, in a motel room, for example, they become irritable and vulnerable to attack; (...)."[123]

Indem sich die Road Movie-Narration von ‚home' im Sinne von Heim abwendet, evoziert sie auch ein allgemeineres, diesem konkreten Vorgang zugrunde liegendes Thema: die Frage nach Heimat, im Englischen ebenfalls mit dem Begriff ‚home' erfasst. Die Frage nach Heimat und der Nation als Heimatland stellt sich vorrangig in Krisensituationen. Für amerikanische Soldaten im Zweiten Weltkrieg war sie scheinbar noch leicht zu beantworten: „Home is where the good things are – the generosity, the good pay, the comforts, the democracy, the pie"[124] – diese Zusammenfassung brachte die Vorstellungen von Heimatland und des einzelnen Zuhauses auf eine patriotische Formel. In den vierziger und fünfziger Jahren galt es, auch mittels der Populärkultur und ihren Narrationsformen, das Gefühl für ‚home' im Sinne von Nation als Heimatland vor Ort wieder zu finden und zu stabilisieren. ‚Home' im Sinne von Zuhause bildete nun den Grundstein zur Stabilität der Nation: „‚Home' came to mean (...) domesticity as the mainstay of the postwar middle-class family and as evidence of the nation's great prosperity in contrast with postwar Europe and Asia."[125]

In den sechziger Jahren und vor allem im Anschluss an den Krieg in Vietnam wird die Identifikation mit den USA als Heimatland zunehmend schwierig. Die Road Movie-Reise weg von Zuhause quer durch die Vereinigten Staaten zeigt neben der individuellen Identitätssuche der reisenden Helden vor allem eine kritische Auseinandersetzung mit der amerikanischen Nation als Heimat. „In the films (zum Beispiel *Easy Rider*, A.S.), home doesn't exist, the journey is always to nowhere. ‚Home', here, is of course to be understood not merely as a physical location but as both a state of mind and an ideological construct, above all as ideological *security*. Ultimately, home is America (...)."[126]

Schon in seinem Motto „A man went looking for America, and couldn't find it anywhere" bringt *Easy Rider* den thematischen Konflikt um den Begriff ‚home' klar zum Ausdruck. Entstanden in der gesellschaftlichen Situation, „in which a secure national identity was both violently contested and desperately

---

[123]D. Laderman (1996: 45/47); zu *Easy Rider*, vgl. T. Corrigan (1992: 145): „events act upon the characters".
[124]Hersey, John. 1989 (1942). *Into the Valley: A Skirmish of the Marines*. Rpt. New York: Pantheon, 60, zit. nach Cohan, Steven. 1997. „Almost Like Being at Home. Showbiz culture and Hollywood road trips in the 1940s and 1950s." In: Cohan/Hark (Hg.), 1997, 113.
[125]S. Cohan (1997: 135).
[126]R. Wood (1986: 228; Hervorhebung der Autorin).

required"[127], zeigt der Film zugleich die Erprobung alternativer Lebenskonzepte und die Auseinandersetzung mit traditionellen Lebensformen, in der es die Erfahrung sowohl von Ablehnung als auch von Solidarität gibt. Darüber hinaus lässt er sich verstehen als eine Huldigung an die großartige amerikanische Landschaft, die den geographischen Hintergrund der Nation ausmacht. Der Film verbindet damit

> two major national discourses of its time – the traditional and the transitional (...). The film is at once a travel poster proclaiming the continued presence of the grand Old West and its historical and mythic associations, and a nightmarish portrait of small towns, cities, and the end of the frontier (...).[128]

Dieses Muster der Doppelung – im Sinne der Gleichzeitigkeit von Kritik und Hommage an das Heimatland – ist bei genauer Beobachtung in vielen Road Movies wiederzufinden und insofern kein Einzelthema, sondern als Anliegen des Genres zu identifizieren. Es verdeutlicht das Potenzial eines Genres „to recuperate, ritualize, and mythologize cultural history (its forms and representations)"[129].

Die Road Movie-Narration bedient sich, ähnlich wie das Western-Genre, der spezifischen Konstruktion von Landschaften, die den Reisenden das gesamte Spektrum des nordamerikanischen Kontinents vorführt. Sie knüpft so auch an den darin transportierten Mythos der amerikanischen Nation an und beschwört auf einer zusätzlichen Narrationsebene das Gefühl nationaler Identität über die Einheit mit dem amerikanischen Landschaftsraum.

2.2.4 Der Ort der Frau im Raum Movie

Die Straße scheint zunächst eine neutrale Zone zu sein, die allen Menschen, gleich welchen Geschlechts, zugänglich ist und die gleiche Freiheit verheißt. In Steinbecks *The Grapes of Wrath* wird der Straße selbst ein Geschlecht zugewiesen; sie fungiert als *The Mother Road*, die fürsorgende Mutter, die die Kinder Amerikas in Form der Farmerfamilie Joad in den Westen führt.[130] Sloterdijk verleiht auch dem Automobil mütterliche Funktionen: „Das Automobil ist ebenso sehr Rausch- wie Regressionsmittel. Es ist ein rollender Uterus, der sich von seinem biologischen Vorbild dadurch vorteilhaft unterscheidet, dass er mit Selbstbeweglichkeit und Autonomiegefühlen verbunden ist".[131] Damit ist aber noch keine Aussage über das Geschlecht der Insassen getroffen.

Dagegen erscheint das Automobil bis heute auch als Inbegriff der Vereinigung von Technologie und Männlichkeit. In dieser Hinsicht wurde nicht nur auf der

---

[127] B. Klinger (1997: 185).
[128] B. Klinger (1997: 199); vgl. D. Laderman (1996).
[129] T. Corrigan (1992: 139).
[130] Vgl. F. Langer (1999: R 9). Basierend auf der Romanvorlage wurde der Film *The Grapes of Wrath* 1940 unter der Regie von John Ford realisiert und gilt als einer der Vorläufer des Road Movie-Genres.
[131] P. Sloterdijk (1995: 130).

Ebene der Fiktion die Beherrschung des Fahrzeugs als männliches Privileg behauptet, obwohl Frauen wie Bertha Benz und in Amerika Nell Leon, die 1916 mit ihrer Buick-Fahrt durch die USA einen bis heute denkwürdigen Einzelpersonen-Reiserekord aufstellte, schon zu den Pionierzeiten des Autos „weibliche Fahrtüchtigkeit" bewiesen und gegenläufige Annahmen als Konstrukt entlarvten.[132]
Die Kontrolle über ein Fahrzeug, das heißt die Besetzung des Fahrersitzes, und das Wissen um die technischen Funktionen bedeutet Macht. Wer von der Filmnarration ans Steuer gesetzt wird, dem wird die Machtposition eingeräumt, und das ist, auch wenn einmal Frau und Mann zusammen unterwegs sind, in den meisten Fällen der Mann.

Die Räume der Road Movie-Narration, die mit den beiden Grundbedeutungen von ‚home' im Sinne von Heim und Heimatland zu umschreiben sind, lassen sich hinsichtlich der geschlechtsspezifischen Konnotationen folgendermaßen umreißen: Das Heim, Ort der Familie, in der die Frau in der Rolle der Mutter einen sicheren, eindeutig identifizierbaren Platz einnimmt, wird im Road Movie als Lebensraum problematisiert. Die Zuwendung zur Straße erweist sich, von männlichen wie weiblichen Road Movie-Reisenden, zunächst als Absage der Narration an den dominanten Diskurs, der familiäre und gesellschaftliche, das heißt zivilisierte Räume und deren eingeschriebene Geschlechterrollen favorisiert. Der stattdessen bereiste Raum, die Heimat Amerika, ist unterlegt mit der Referenz auf den Western-Raum und den damit verbundenen Nationalmythos der Landeroberung und *frontier*-Erfahrung. Das Western-Genre gibt in fiktionalisierter Form unermüdlich wieder, was der Herausgeber der *New York Herald Tribune* im Jahr 1850 als berühmt gewordene Aufforderung veröffentlicht: „Go West, young man, and grow up with the country!"[133] Über mögliche Aufgaben und den Verbleib der ‚young woman' im Amerika des 19. Jahrhunderts schweigt Horace Greely. In Entsprechung dieses Slogans bevölkern in der Hauptsache männliche Helden den Narrationsraum des Westerns; Frauen werden dem Bereich der Zivilisation – das heißt also wieder ‚home' im Sinne von Heim – zugeordnet.[134] Die Vermutung für das Road Movie-Genre im Anschluss daran lautet: Auch der Raum, in den die Narration des Road Movies verlegt wird, ist ein Raum, der durch die dargestellten Umstände und Bezugnahmen eher für männliche Helden vorgesehen und geeignet ist.

---

[132] Vgl. H. J. Stammel (1982: 103-107 „Emanzipation und Leistungsmanie: Amerikanische Ladies am Steuer").
[133] Horace Greely, zit. nach J. Hembus (1979: 186).
[134] Vgl. 2.1.3.2, S. 14; vgl. G. Seeßlen (1995: 244-250 „Go west, young woman").

2.3 Who Takes Over the Driver's Seat? –
Helden und Heldinnen im Road Movie

Schließlich richtet sich der Blick auf die Insassen der Fahrzeuge, die die Straßen der Road Movies bereisen: Wie sind die Helden des Road Movies beschaffen, auf das die Bezeichnung „male genre"[135] angewandt wird? Welcher Platz wird Frauen in einem „male genre" zugewiesen, welchen können sie einnehmen?

2.3.1 The Road Trip, a Male Trip –
Die Verwandtschaft des Road Movie-Helden mit dem Cowboy

Anlass für die Bezeichnung „male genre", die mit Aussagen wie „The road trip is always a male trip"[136] oder „(...) the road movie promotes a male escapist fantasy"[137] korrespondiert, geben das Automobil als Kernelement und die Anbindung des Road Movies an die ebenfalls männlich orientierte und dominierte Tradition des Westerns. „What ultimately links the road movie to the Western is this ideal of masculinity inherent in certain underlying conceptualizations of American national identity that have persisted (...)."[138] Roberts spielt damit auf die Idealfigur des Cowboys an:

> Dieser ist ein Mann mit ganz bestimmten Eigenschaften, die ihn zu einem Vorbild an Männlichkeit werden lassen. (...) Er hat die Macht und die Waffen, um sich im Notfall sein Recht und den nötigen Respekt zu verschaffen, er ist ein Einzelgänger, respektiert aber die „natürlichen" Regeln des Zusammenlebens (...). Die Mächte, mit denen er konfrontiert ist, sind fassbar, die Gegner real, die Konflikte simpel und deren Lösungen natürlich, so natürlich, wie auch das Mann-Sein des Mannes im Westen.[139]

Der Cowboy, zum Symbol stilisiert, steht für Amerika und seine Werte schlechthin. „Der ‚Westerner' oder Cowboy ist ‚typisch amerikanisch', da die Umgebung, in der er lebt, typisch amerikanisch ist, und er ist in seinem mythischen Sein zeitlos – hinter der Erscheinung des Cowboys steckt die Rüstung des mittelalterlichen Ritters, und unter seinem Hut trägt er den Helm des Astronauten"[140] – und statt Pferdezügeln kann er auch das Lenkrad eines Road Movie-Autos umfassen ...

Die Figur des Cowboys wird erschaffen, als sich die bis dahin bestehende Lebensweise und Werte vehement wandeln und darum das Bedürfnis nach einem Nationalmythos zur Kompensation der spezifischen amerikanischen Geschichtserfahrung wächst:

---

[135] Y. Tasker (1993: 134).
[136] M. Dargis (1991: 16).
[137] S. Cohan/I. Hark (1997: 3).
[138] S. Roberts (1997: 45).
[139] D. Rünzler (1995: 203f); vgl. ebd. (1995: 84f); vgl. J. Hembus (1979: 208-210/336-345/522f); vgl. E. Badinter (1997: 160ff „Das männliche Ideal").
[140] D. Rünzler (1995: 204).

> Begonnen hat die Idealisierung des Cowboys zu einer Zeit, als die Viehindustrie bereits vom Niedergang gezeichnet und die Frontier, die offene Grenze im Westen, Geschichte war.
> Zu dieser Zeit reagierte eine breit gestreute Gruppe von Publizisten, Autoren und Künstlern auf die als allgemeine moralische Krise empfundene Situation, auf einen scheinbaren Verlust dessen, was Amerika einzigartig und allen anderen Nationen überlegen macht, mit der Idealisierung der Figur des Cowboys und der Glorifizierung des Lebens im Westen.[141]

Auch der Road Movie-Held taucht als narrative Figur zu einem Zeitpunkt auf, als der männliche Subjektbegriff ins Wanken gerät. Dazu tragen gesellschaftliche Erschütterungen bei wie Zweiter Weltkrieg, Vietnam-Krieg, Bürgerrechtsbewegung oder Hippie-Kultur und die damit zusammenhängende Entwicklung, dass die Kernfamilie und damit verbundene, festgelegte Positionen des Agierens in Frage gestellt werden. In der Folge wird eine Strategie zur Stabilisierung des männlichen Subjektbegriffs notwendig.

> (...) road movies have become a primary and incisive marker not only of how contemporary genre reflects the contemporary moment, but, more specifically, of how that crisis of genre is also the cultural and psychoanalytic crisis of gender. (...) the contemporary road movie (...) responds specifically to the recent historical fracturing of the male subject, who has traditionally been the main support of those institutional walls of a dominant cinema. This cultural fracturing has made this subject insist all the more on its representation at the movies while at the same time making that representation impossible.[142]

Im Gegensatz zum „historischen" Western-Genre ist die Road Movie-Narration meistens in die aktuelle Zeit eingebettet, und das Publikum hat ein Bewusstsein über bestehende Verhältnisse. Es kann sich mit dem Road Movie-Helden identifizieren, weil es um die mögliche Einengung durch die Gesellschaft weiß; es zollt ihm Anerkennung für seinen Aufbruchwillen, sein Durchhaltevermögen und für seine Beherrschung des Fahrzeugs. Auf dem Rücksitz übersteht es riskante Fahrmanöver und hofft mit ihm auf ein anderes Leben. Abgesehen von ein paar HelferInnen auf der Strecke, die zu den gängigen Genrekonventionen zählen, ist die Gesellschaft dem Road Movie-Helden feindlich gesonnen und wendet deshalb jegliche Form rechtsstaatlicher Verfolgung an, vor der es kaum ein Entkommen gibt: „Violence and death, also associated with the masculine, permeate both the Western and the road film. (...) Violence and stoicism (...) are the means by which the men of the Western demonstrate their heroism, and death is the means by which they gain glory."[143] Sichert der Tod dem Westerner innerhalb seines Wirkungsbereiches noch Ruhm, da er auf gewisse Weise von der Gesellschaft, die auf ihn als Beschützer angewiesen ist, geachtet wird,[144]

---
[141] D. Rünzler (1995: 10); vgl. auch W. Least Heat Moon (1995: 224f).
[142] T. Corrigan (1992: 138); vgl. ebd. (1992: 143).
[143] S. Roberts (1997: 54); vgl. M. Bertelsen (1991: 37f und 118ff).
[144] Vgl. M. Bertelsen (1991: 39).

stirbt der Road Movie-Held ruhmlos und alleine. Sein Tod, für den die Straße allerdings den angemessenen Raum darstellt, ist die letzte Möglichkeit einer Revolution gegen das Bestehende, letzter Ausdruck einer Freiheit, die zukunftslos und destruktiv bleibt.

Ähnlich dem *lonesome cowboy* folgt der Road Movie-Held also seinem Freiheitsdrang und entflieht der Gesellschaft der Sesshaftigkeit. Zwar steht dem Road Movie-Helden mit dem Schwinden des *Wilden Westens* und der *frontier* keine unerkundete, rechtsfreie Wildnis als alternativer Lebensraum zur Verfügung, dennoch tritt er wie sein Vorbild als Individuum gegen die Gesetze, Normen und Einschränkungen der zivilisierten Gesellschaft an.[145] Sein Fahrzeug ist seine Waffe, und wie der Cowboy ein Meister im Umgang mit seinem Pferd ist, so ist es der Road Movie-Held mit seinen Pferdestärken. Er bewegt sich durch Western-Landschaften, aber er durchfährt diese als Fremdkörper: Entgegen dem Westerner, der in der Wildnis zu überleben fähig ist, kann er in ihr genauso wenig existieren wie in der Gesellschaft, und, gefangen und abgekapselt im Gehäuse des Fahrzeugs, ist ihm kein Kontakt mit der Natur möglich.[146]

Der Road Movie-Held ist dem Männlichkeitsideal des Cowboys zwar verhaftet, entspricht diesem aber keineswegs mehr: „The Road Movie transforms the frontier into a metaphorical road, the horse into a car, and the cowboy into an illusory and elusive metaphor. All of these generic elements are man-made products, perhaps suggesting the genre's recognition that the masculine, American ideal, enunciated by the Western, is a social construction."[147]

Die Schwächen des Road Movie-Helden, die sich trotz oder gerade wegen der Anlehnung an den Typ des Westerners ergeben, machen die Kluft deutlich, die zwischen der Idealfigur, der Konstruktion eines neuen Helden und der Konstitution der gesellschaftlich zugrunde liegenden Konzeption von Männlichkeit besteht – Grund genug, ihn nicht alleine auf seine Reise zu schicken.

2.3.2 Gemeinsam einsam – Die Buddy-Filme

„Der klassische Plot eines Road-Movie: zwei Männer, ein Wagen und vor ihnen die Weite des Landes. Von Männerfreundschaft ist die Rede, von Träumen wie auch von der Suche nach der eigenen Identität. Klassisch auch, dass die Protagonisten am Rand der Gesellschaft stehen."[148] Tasker, die das Road Movie in das Genre Action Film einstuft, sieht in der Wahl dieser so genannten „Buddy"-Konstellation „(i)n contrast to the construction of the hero as a lone figure, one of the key devices in the action narrative of recent years".[149]

---

[145] Vgl. M. Bertelsen (1991: 27ff).
[146] Vgl. M. Bertelsen (1991: 37f und 128f); vgl. S. Roberts (1997: 61).
[147] Vgl. S. Roberts (1997: 61).
[148] Praschl, Bernhard. 1989. „Road-Movie auf Abwegen: *Powwow Highway* von Jonathan Wacks." *Die Presse* 22./23. Juli, ohne Seitenangabe.
[149] Y. Tasker (1993: 43).

Durch die Aufsplittung des gewöhnlich auf einen eindeutigen Charakter festgelegten Protagonisten in zwei, wohlgemerkt männliche, mehr oder weniger gleichwertige Figuren, entsteht eine charakterliche Vielfalt und ein zusätzliches Spannungsmoment bezüglich der internen Paarbeziehung; zugleich wird das Angebot zur Identifikation verdoppelt. Die Protagonisten nehmen zwei verschiedene Positionen ein, sie besitzen gegensätzliche und einander ergänzende Fähigkeiten und Eigenschaften.[150] Die Tendenz zur Polarisierung der beiden Figurenpositionen kann sich etwa in der Zuschreibung von andernfalls als geschlechtsspezifisch markierten Stereotypen wie Passivität und Aktivität[151] oder in der Zuschreibung von ideologisch gegensätzlichen Standpunkten wie Vertreter von Tradition und Rebellion[152] äußern. Was innerhalb des Paars möglicherweise für Spannung und verbalen Schlagabtausch sorgt und zu Beginn eher trennt als verbindet, verstärkt nach außen ihre Wirkung als Team, da sie durch die Summe von Fähigkeiten und Eigenschaften in jeder Situation reagieren können.[153]

Verstärkte Aufmerksamkeit gewann das Buddy-Paar als spannende Helden-Konstellation durch Kerouacs Roman *On the Road*, der entscheidenden Einfluss auf das Entstehen der Buddy-Filme ausübte und durch den die Motive Straße, Automobil und Fortbewegung zunehmend literarische und filmische Beachtung erfuhren. Der Autor erzählt, wie zwei junge befreundete Außenseiter im eigenen Auto mehrmals durch die USA jagen, auf der Suche nach dem anderen Leben, fern der bürgerlichen Gesellschaft und ihren Auswirkungen. „In redefining the road protagonist as marginal and unassimilable by mainstream culture, Kerouac's novel significantly reconfigures the road ‚personnel'. (...) After Kerouac, (...) pairs or groups of travelers were eclipsed by the male buddy pair."[154]

Nach dem allmählichen Zerbröckeln des Familienideals in der Folgezeit des Zweiten Weltkriegs ist das männliche Buddy-Paar „the most secure and likely replacement for that heterosexual unit (...)"[155] in der Narration. Gerade weil der dominante Diskurs, der ein *happy ending* mit der Vereinigung des heterosexuellen Paars fordert, in Frage gestellt wird, muss jedoch die Heterosexualität der Road Movie-Helden auf jeden Fall gewahrt werden.[156] Obwohl sich also das reisende Kumpelpaar als Figurenkonstellation etabliert hat,

---

[150] Vgl. M. Bertelsen (1991: 124ff).
[151] Vgl. Y. Tasker (1993: 45).
[152] Vgl. D. Laderman (1996: 45).
[153] Vgl. Y. Tasker (1993: 43); vgl. S. Cohan/I. Hark (1997: 8).
[154] S. Cohan/I. Hark (1997: 7f); vgl. D. Laderman (1996: 42-43); vgl. Fiedler, Leslie A. 1987. *Liebe, Sexualität und Tod. Amerika und die Frau.* Gekürzte Ausgabe. Frankfurt a.M./Berlin: Ullstein, 288ff zur Tradition des Kumpelpaars („Männerehe") im amerikanischen (Western-) Roman des 19. Jahrhunderts.
[155] T. Corrigan (1992: 147).
[156] Vgl. dazu R. Wood (1986: 222-244 „From Buddies to Lovers"); vgl. Y. Tasker (1993: 45f); vgl. Kinder, Marsha. 1974. „The Return of the Outlaw Couple" *Film Quarterly* 27: 4, Sommer, 2; vgl. S. Cohan/I. Hark (1997: 9).

werden die Road Movie-Buddies dennoch als individualistische Einzelgänger, die „gemeinsam einsam" durch die Lande ziehen, und nicht etwa als symbiotisches Paar dargestellt, ganz in Anlehnung an ihre großen Idole und den Mythos des autonomen Mannes.[157]

2.3.3 Sex & Crime – Das Outlaw-Paar

Obwohl dem einzelnen Road Movie-Helden das Männlichkeitsideal des Cowboy-Mythos zugrunde liegt, prägt die Buddy-Konstellation das Image des Road Movies in der Nachfolge von Kerouacs *On the Road*. Einige Road Movies unternehmen jedoch den Versuch, das heterosexuelle Paar on the road wiederzubeleben: „Either way, the road was destined to be traveled by a couple."[158] Das belegen auch Vorläufer des Genres:

> Prior to *On the Road*, road movie protagonists were either heterosexual couples, as in *It Happened One Night, You Only Live Once, Sullivan's Travels, They Live by Night*, and *The Long, Long Trailer*, or whole communities of displaced persons, as in *Wild Boys of the Road, The Grapes of Wrath* (...).[159]

Einerseits folgte der Einsatz des heterosexuellen Paars der Hollywood-Prämisse des dominanten Diskurses, dessen Ziel es war „to ,form couples' (...) for the purpose of marriage and continuation of the bourgeois system (...)."[160] Andererseits wurde das Paar ins gesellschaftliche Abseits gestellt, da es durch die Road Movie-Narration als nichtsesshaft, untauglich zur Familienbildung und folglich nicht gesellschaftsfähig gezeigt wurde. Die Intimität, entstanden in der Enge des jeweiligen Fahrzeugs, schuf eine sich steigernde sexuelle Spannung, die allerdings in den Road Movie-Vorläufern dem Moralkodex der Zeit entsprechend keine visuell-narrative Erlösung finden konnte, sondern aufgeschoben wurde.[161] Zur Zeit der sexuellen Revolution war eine solche zurückhaltende Darstellung im Film nicht mehr glaubwürdig, und die Einbuße beim Spannungsbogen mussten wettgemacht werden: „Fireworks, sexual and ballistic, replaced romance, and the heterosexual couple became united through their criminality (...)."[162]
Bonnie & Clyde ist der erste Film dieser Art, der zusammen mit seinen Nachfolgern zum Teil Bonnie-and-Clyde-Genre,[163] zum Teil auch allgemeiner als Outlaw Movie bezeichnet wird.[164] Diese Filme thematisieren auf extreme

---

[157]Vgl. M. Bertelsen (1991: 131f); M. Dargis (1991: 17): „From *Easy Rider* through *Butch Cassidy and the Sundance Kid* to *Midnight Run*, men in the buddy movie have a relationship in order to develop their individual autonomy."
[158]D. Laderman (1996: 45).
[159]S. Cohan/I. Hark (1997: 7f).
[160]Zit. S. Morrison (1988: 43); vgl. K. Esders-Angermund (1997: 11).
[161]Vgl. S. Cohan/I. Hark (1997: 8).
[162]S. Cohan/I. Hark (1997: 8f).
[163]Vgl. I. Leong/M. Sell/K. Thomas (1997: 70-89).
[164]M. Kinder (1974): Wie der Aufsatztitel von Kinder nahelegt, handelt es sich bei den Outlaws um einen schon bekannten Figurentypus aus dem Western-Genre. Vgl. auch

Weise den Druck, der auf den amerikanischen Grundwerten wie der Stabilität von Familie, Heim und Gesellschaft lastet: Dieses Gangsterpaar und seine Variationen[165] zeigen eine Art „heterosexual desire as potentially spawning a perversely portable domestic sphere"[166] und zugleich bedeuten sie mit ihrer Lust an kriminellen Handlungen eine Revolte gegen und damit eine Bedrohung für die Ideologie der sesshaften Mittelklasse.

Bonnie und Clyde ereilt der Ausschluss aus der sozialen Ordnung: Das Outlaw-Paar hat keine Alternative zu seiner Wahl der Mobilität, wenn es sich nicht der Bestrafung durch das bürgerliche Gesetz aussetzen will: „(...) the outlaw road couple seems doomed to death, even when the film's sympathy is with them – which is most often the case. (...) Because road film characters literally and figuratively venture beyond society, they seem to call upon them the wrath of a desperate, fatal end."[167]

Auch wenn die weibliche Figur eventuell das Fahrzeug steuert und zu den Waffen greift, weist Roberts deutlich darauf hin, dass das Gefüge des Outlaw-Paars nach wie vor den traditionellen Geschlechterrollen folgt:

> Even in films featuring female stars, such as *Bonnie and Clyde* and *Badlands* (...), the actresses play integral halves of the heterosexual, anti-heroic couple, yet they remain bound up in the limitations of a male-oriented and -dominated fantasy. Fleeing the law-abiding sphere of family, child-raising, and community to escape onto a road that ends violently, these women are crucial to the films, yet still act as appendages to masculine fantasies.[168]

2.3.4 Along For the Ride – Die Heldin am Wegesrand

Die bisher vorgestellte Besetzung von Road Movies weist den weiblichen Figuren nur eine marginale Stellung zu. Das separate Kapitel über Frauen im Road Movie in Bertelsens Untersuchung, die 1991 vor dem Kinostart von *Thelma & Louise* erschien, reflektiert die Ratlosigkeit betreffend der Einordnung der Frauenfiguren in dieses Genre. Denn, als sei ‚Frauen' eine mit allen anderen Figuren inkompatible Wesenheit, behandelt Bertelsen sie getrennt von Helden, von Mitmenschen und Helfern, sowie von Gegnern und Gesetzeshütern, das heißt: vom gesamten Road Movie-Personal.[169]

Creekmur, Corey R. 1997 „On the Run and on the Road. Fame and the outlaw couple in American cinema." In: Cohan/Hark (Hg.), 1997, 90-109.
[165] Beispiele: *Gun Crazy, The Getaway, Badlands, Thieves Like Us, Drugstore Cowboy, Wild at Heart, Guncrazy, Kalifornia, True Romance, Love & a.45, Natural Born Killers, Another Day in Paradise, Truth or Consequences.*
[166] I. Leong/M. Sell/K. Thomas (1997: 72); vgl. auch S. Cohan/I. Hark (1997: 9).
[167] D. Laderman (1996: 44), vgl. auch S. Morrison (1988: 43): Sie nennt das Stichwort „marriage in death".
[168] S. Roberts (1997: 62); vgl. Boozer, Jack. 1995. „Seduction and Betrayal in the Heartland: *Thelma & Louise*" *Literature/Film Quarterly* 23: 3, 191.
[169] Vgl. M. Bertelsen (1991: 117-152, Kapitel VI. „Die Figuren und ihre Beziehungen").

Laut Bertelsens Ausführungen haben Frauenfiguren im Road Movie einen Objektstatus inne, und es werden übliche geschlechtsspezifische Zuschreibungen wie Passivität und Schutzbedürftigkeit auf sie projiziert. Dennoch sind sie unentbehrlich für die Entwicklung der Handlung, da sie im Sinne der Narration funktionalisiert werden und als *plot motivator* dienen.[170] Trotz ihrer marginalen Position gesteht Bertelsen den Road Movie-Frauen ausgeprägte Charakterfähigkeiten zu und kommt zu dem Schluss: „Die genauere Betrachtung der Frauenrollen ist daher durchaus lohnend."[171]

Es herrscht in der Literatur Übereinstimmung darüber, dass die Road Movie-Narration zwei mögliche Positionen für Frauenfiguren kennt, und zwar entweder die der passiven Komplizin oder die der gefährlichen Ablenkung am Wegesrand.[172] Corrigan fasst die gängige Road Movie-Besetzung prägnant zusammen: „They are peopled with male buddies, usually a pair whose questing will only be distracted, or, at best, complemented by women who intrude from time to time"[173] Neben den angedeuteten Positionen nennt er ein weiteres wichtiges Stichwort, nämlich ‚intrude', ohne jedoch bewusst darauf einzugehen. Dieses Verb, zu deutsch ‚eindringen', ruft eben jenes Bild von zwei getrennten Räumen hervor, deren Grenze unerbeten überschritten wird – im Falle des Road Movies passiert dieses Eindringen durch die weiblichen Randfiguren in den Raum der männlichen Protagonisten, bestehend aus Fahrzeug, Straße und der Fahrt durch das Land. Der Austritt aus dem ‚home' im Sinne von Heim bedeutet den unerwünschten Eintritt in ‚home' im Sinne des öffentlichen Raums des Heimatlands. Darin wird der enge Zusammenhang der Genderkonventionen, die dem Genre zugrunde liegen, mit der Frage des Raums und seiner geschlechtsspezifischen Aufteilung deutlich.

---

[170] Vgl. M. Bertelsen (1991: 134); vgl. K. Esders-Angermund (1997: 11).
[171] M. Bertelsen (1991: 135).
[172] Vgl. Folgende:
M. Dargis (1991: 16): „If a woman hops a ride with a man, the journey, perfumed with a female sexuality, breeds danger and violence rather than pleasure."
K. Murphy (1991: 26): „When two ride together, they are almost always bonded males (or unstable lovers) questing for glory or the last, bigtime getaway. (...) Wild girls of the road are sports, all the more memorable when they pass by (...)."
D. Laderman (1996: 45): „All these precursors to the road film set in motion its basic gender pattern: the woman as either a passive accomplice to the man or a threat to him, part of the road that lures him to his downfall."
S. Roberts (1997: 62): „In road films, male heroes are still the norm, and masculine privileging prevails. Women continue to be nonexistent or peripheral in buddy road movies (...)."
R. Wood (1986: 227): „Certainly the treatment of women in the films (buddy movies; A.S.) is extremely demeaning, both in their relegation to marginality and in the nature of their roles they are allocated."
Williams, Mark. 1982. *Road Movies: The Complete Guide to Cinema on Wheels*. New York/London: Proteus, 8, zit. nach M. Bertelsen (1991: 134): „The women are essentially along for the ride, and are not part of what is constantly being redefined as an exclusively male enclave."
[173] T. Corrigan (1992: 144).

Die Wurzeln dieses Frauenbildes liegen, wie die des männlichen Helden, beim Western und zeichnen sich durch eine ebensolche, stark stereotypische Dichotomisierung und Bewertung in Verbindung mit der Dichotomie von Innen- und Außenraum, Heim und Heimatland aus. Zwar befindet sich das gesellschaftliche Bild der Frau während der Etablierung des Road Movie-Genres im Wandel; auf die Darstellung der Frau wirkt sich jedoch zuerst einmal nur die liberalisierte Sexualmoral aus. Ein neues Rollenverständnis in der Handlungskonzeption für Frauenfiguren lässt auf sich warten.[174]

Ähnlich wie die notwendige Anlehnung des Road Movie-Helden an den Cowboy-Mythos erfüllt auch die Bewahrung dieses traditionellen Frauenbildes in der Filmnarration die Funktion, den in der Realität drohenden Verlust von Macht und Ansehen der männlichen Ideale und das krisenhafte männliche Subjekt zu stützen. So rebellisch sich die männlichen Helden in Kerouacs Roman gebärden, so traditionell ist der Platz, den er den Frauenfiguren zuteilt; er präsentiert sie als Geliebte am Wegesrand, statisch, die, meist schwanger, zurückbleiben. Eine der Frauenfiguren, der Kerouac einmal das Wort erteilt, bringt ihre Position in der Narration auf den Punkt:

> „Now you're going East with Sal," Galatea said, „and what do you think you're going to accomplish by that? Camille has to stay home and mind the baby now you're gone – how can she keep her job? – and she never wants to see you again and I don't blame her. If you see Ed along the road you tell him to come back to me or I'll kill him."[175]

Die Erwartungshaltung der reisenden Helden an eine Frau sieht dagegen so aus:

> Out on the dawn street Dean said: „Now you see, man, there's *real* woman for you. Never a harsh word, never a complaint, or modified; her old man can come in any hour of the night with anybody and have talks in the kitchen and drink beer and leave any old time. This is a man, and that's his castle."[176]

Laderman fasst die – entgegen seines Rufs – konservative Grundausrichtung des Romans und seiner vermittelten Werte zusammen „as freedom to roam for the privileged white male; mobility and opportunism; and glorified individuality and conquest."[177]

An dieser Stelle kommt noch einmal der schon erwähnte alte, europäische Reise-Mythos der *Odyssee* ins Spiel, der dieses Gender-Muster des beweglichen Mannes und der unbeweglichen, wartenden Frau initiiert, dessen Dimen-

---

[174] Vgl. M. Bertelsen (1991: 137ff).
[175] J. Kerouac (1991: 195).
[176] Ebd. (1991: 204).
[177] D. Laderman (1996: 43). Eine andere Lesart versucht Linda McDowell in ihrem Aufsatz „Off the road: alternative views of rebellion, resistance and ‚the beats'." 1996, *Transactions of the Institute of British Geographers*, Hg. Royal Geographical Society, 21, 412-419.

sionen verdeutlicht und ebenfalls die Aufteilung des Raums in männlich und weiblich kodifizierte Bereiche belegt.[178]
Für den griechischen Regisseur Theo Angelopoulos ist die einzig mögliche Reise für den Menschen/Mann die, die Homer mit der *Odyssee* verfolgt und bei der der Held nach Hause zurückkehrt und seine Frau, Kinder und Land wiederfindet. Laut Rose experimentiert die *Odyssee*, und in ihrer modernen Nachfolge auch das Road Movie, mit den beiden grundlegenden, ambivalenten Sehnsüchten „de l'homme"/des Mannes, nämlich mit Sesshaftigkeit und Nomadentum.[179] Ein anderer Titel der *Odyssee* könnte auch lauten „Ma femme m'attend."[180] – Die Gefahr des Eindringens der Frau in die Sphäre des reisenden Mannes ist dadurch vollkommen gebannt:

> The construction of ‚home' as a woman's place has (...) carried through into those views of place itself as a source of stability, reliability and authenticity. Such views of place, which reverberate with nostalgia for something lost, are coded female. Home is where the heart is (if you happen to have the spatial mobility to have left) and where the woman (mother, lover-to-whom-you-will-one-day-return) is also.[181]

Die drei Road Movies *Sugarland Express*, *Thieves Like Us* und *Badlands*, in denen je ein Outlaw-Paar agiert, zeigen eine zwiegespaltene Darstellung der Frau, schwankend zwischen oben beschriebenen Polen und der Demonstration erstaunlich starker, eigenständiger und vor allem handlungsbestimmender Frauenfiguren. In einer Gegenüberstellung kritisiert Kinder zwar, dass Altman seinen Frauenfiguren keine Perspektive jenseits der Grenzen der Kleinfamilie zugestehe, bemerkt aber die Robustheit und Aggressivität, mit denen er sie ausgestattet hat. Am meisten erstaunt ist sie von *Sugarland Express*: „We are not used to seeing such power exerted by women in movies, and I must say I find it refreshing."[182]
Dieses Aufflackern leichter Abweichungen von festgeschriebenen Rollen weist auf den langsamen Prozess einer Veränderung der herkömmlichen Genderkonventionen hin. Corrigan zeichnet im letzten Abschnitt seines Road

---

[178] Der kurze Hinweis auf die *Odyssee* muss an dieser Stelle genügen; vgl. H.-Y. Rose (1994: 10-13): Er befasst sich mit dem Road Movie vor dem Hintergrund der *Odyssee*. Vgl. M. Atkinson (1994: 16); vgl. T. Corrigan (1992: 144).
[179] H.-Y. Rose (1994: 13).
[180] Antoine Blondin, Vorwortverfasser der französischen Ausgabe der *Odyssee* 1968, zit. bei Rose (1994: 13, vgl. Anm. 7); vgl. G. Seeßlen (1995: 244): „Die Narration des (Western-; A.S.) Genres scheint auf die ewige Wiederkehr des agierenden Mannes und der wartenden Frau hinauszuwollen, als wäre es der ‚Sinn' der Geschichte, die Geschlechter (wieder) materiell voneinander zu trennen, um sie mythisch zu vereinen."
[181] D. Massey (1994: 180).
[182] M. Kinder (1974: 6); vgl. J. Boozer (1995: 190). Das Thema ‚Motherhood on the Road', das heißt ‚Mutterschaft als treibende Kraft' zur Motivation einer Road Movie-Narration (wie im Fall von *Sugarland Express*, *The Rain People* und besonders von *Trail of Tears*, in dem sich zwei Mütter auf die Jagd nach ihren entführten Kindern machen) stellt einen eigenen interessanten Untersuchungskomplex dar.

Movie-Kapitels, überschrieben mit „Changing Drivers",[183] noch einmal zusammenfassend nach, welche Typen von Fahrern die Entwicklung des Road Movies von den fünfziger zu den achtziger Jahren bestimmt haben, und betont das immer deutlicher zum Vorschein kommende krisenhafte Moment in der Konstitution des männlichen Helden. In den achtziger Jahren mündet das Road Movie in einem endlosen Recycling der ritualisierten Bilder und Mythen: „What you get are films so reflexive there's simply no *there* there, only a trunkload of undigested images from older movies."[184] Die Schlussfolgerung aus dieser Entwicklung zeigt den Weg zu einer Revitalisierung und einer Neubesetzung des Road Movie-Genres an:

> The departure of a male subjectivity under the burden of its hysterical relation with its own history may mean that other roads can now be mapped across the landscapes of contemporary culture (...) Once the buddy movie has driven itself into outer space, other drivers might take the wheel.[185]

2.3.5 Changing Drivers – Die Road Movie-Heldinnen im Aufbruch

Die große Kontroverse um den Film *Thelma & Louise* von 1991 führte zu einer neuen Rezeption des Road Movie-Genres. Sie markiert den Wendepunkt in der Entwicklung durch eine Neubesetzung der Heldenpositionen, denn von da an übernehmen auch die von Corrigan erhofften „other drivers" das Steuer. Es handelt sich dabei nicht um vollkommen unbekannte Figuren, sondern um die Personen, die bisher nur Nebenrollen im Road Movie verkörperten, allen voran Frauen, allein oder in Begleitung einer oder mehrerer Geschlechtsgenossinnen. Auch andere Personengruppen aus so genannten sozialen Randgruppen – alte Menschen, Homosexuelle, African-Americans und die aktuellste Randgruppe der HIV-Positiven – taugen nun als HeldInnen.[186]

---

[183] T. Corrigan (1992: 158-160).
[184] M. Atkinson (1994: 17; Hervorhebung des Autors); vgl. D. Laderman (1996: 50ff „Delusions: The Postmodern Road Film"); vgl. S. Cohan/I. Hark (1997: 2f).
[185] T. Corrigan (1992: 160).
[186] Vgl. zu diesem Wendepunkt S. Cohan/I. Hark (1997: 10ff); vgl. D. Laderman (1996: 54); vgl. S. Roberts (1997: 61): "The more fluid genre has ample room for protagonists of any nationality, gender, sexual orientation, or race." Vgl. M. Atkinson (1994: 14f); vgl. auch I. Leong/M. Sell/K. Thomas (1997: 87, Anm.7).
Filmbeispiele: *My Own Private Idaho, The Adventures of Priscilla, Queen of the Desert, To Wong Foo – Thanks for Everything! Julie Newmar, The Living End, Powwow Highway, Spider & Rose, Homer & Eddie, Get on the Bus, Boys on the Side.*
Vgl. Mills, Katie. 1997. „Revitalizing the Road Genre. *The Living End* as an AIDS Road Film." In: Cohan/Hark (Hg.), 1997, 307-329; vgl. Lang, Robert. 1997. „*My Own Private Idaho* and the New Queer Road Movies." In: Cohan/Hark (Hg.), 1997, 330-348. ‚Race on the Road' bildet einen weiteren eigenen, an dieser Stelle nicht näher ausgeführten Themenkomplex; vgl. Willis, Sharon. 1997. „Race on the Road. Crossover Dreams." In: Cohan/Hark (Hg.), 1997, 287-306.

Tasker beschäftigt sich intensiv mit dem zu Beginn der neunziger Jahre gehäuften Aufkommen der Heldin im Action Film, zu dem sie auch das Road Movie zählt.[187] Laut Tasker ist das Besondere an diesen Protagonistinnen ihre Darstellung als – vor allem auch im physischen Sinne – starke, aktive und handlungsbestimmende Frauen. Diese Zuschreibungen waren in der der Narration und Bildsprache zugrunde liegenden binären und hierarchisierten Auslegung der Geschlechterordnung bisher eindeutig der männlichen Heldenausstattung vorbehalten. „Cinematic images of women who wield guns, and who take control of cars, computers and other technologies that have symbolised both power and freedom within Hollywood's world, mobilise a symbolically transgressive iconography."[188]

Obwohl Tasker behauptet, dass „the establishment and transgression of limits is the stuff of Hollywood cinema rather than an occasional by-product",[189] wird die Überschreitung von Genregrenzen und -konventionen, wie sie in den Neunzigern im Falle des Action Films/Road Movies geschehen, zunächst als Ausnahme von der Norm wahrgenommen: „To see women strain against the world may be inspirational, but also at some psychic level unbelievable. Heroes of action who are other than male and white (and straight and able-bodied) are still going to feel exceptional for some time to come."[190] Häufig werden umgehend Befürchtungen laut, der Versuch einer Integration von Frauenfiguren in ein männlich kodiertes Genre führe nur zur Assimilation der Frauenfiguren oder, im Gegenteil, eine Zersetzung des Genres, wenn nicht gar eine Inversion der das Genre konstituierenden Konventionen sei die Folge. Die Überschreitung bisher geltender geschlechtsspezifischer Rollenstereotypen wird als unangemessen empfunden, da die Handlungsträger die ihnen vorgeschriebenen Räume verlassen. Frauen, die außerhalb der Codes weiblicher Darstellung, einschließlich Aussehen, Requisiten und räumlichem Umfeld, gezeigt werden, erscheinen nicht mehr glaubwürdig als ‚richtige' Frauen.[191]

Auch Callie Khouri, Drehbuchautorin von *Thelma & Louise*, ist bewusst, dass sie zwei Frauengestalten die Genderkonventionen des Genres überschreiten lässt, wie es kaum anderen zuvor im amerikanischen Hollywood-Kino vergönnt war. Aber als ‚normale', der dominanten binären Opposition entsprechende und in diesem Rahmen ausgestattete Frauen können ihre

---

[187] Y. Tasker (1993).
[188] Y. Tasker (1993: 132); vgl. ebd (1993: 18).
[189] Y. Tasker (1993: 150).
[190] R. Dyer (1994: 8).
[191] Vgl. Stichwort „drittes Geschlecht"/„Mannweiber", Exkurs, S. 22f; vgl. D. Laderman (1996: 54f): „is *Thelma & Louise* an effective feminist critique, or does it betray feminism to patriarchal Hollywood narrative? For example, the film seems to substitute a female buddy pair for the traditional male one, a depoliticizing gesture of assimilation; on a certain level, Thelma and Louise seem to be acting like men."

beiden Protagonistinnen nicht in dem männlich kodierten Erzählraum existieren. Wenn die weibliche Figur ihren Raum und ihre Rolle verlässt, kann sie weder Frau noch einfach Mensch sein: „This isn't the story of two women who become feminists; it's the story of two women who become outlaws. They aren't the martyred wife/girlfriend. They aren't the murder victim, the psycho killer, the prostitute: they are outlaws."[192] Khouri greift auf den im Road Movie-Genre schon vorhandenen Figurentypus des Outlaws zurück, der auch für die männlichen Road Movie-Helden entscheidend ist, und festigt damit im Grunde, trotz des eingeräumten Überschreitungsmoments, die bestehende Dichotomie der Gender-Räume.

Der Umstand, der die Neubesetzung des Road Movies unmittelbar betrifft und bedingt, ist der untrennbare Zusammenhang des männlichen Ideals in Form des Cowboy-Mythos, der dem Road Movie zugrunde liegt, mit der Konstruktion eines männlich kodierten (Außen-) Raum-Mythos. „While male protagonists use the road to flee femininity, women cannot similarly flee the masculine because of the gendered assumptions of the genre."[193] Aber die Road Movie-Heldinnen können diese Annahmen des Genres einer Prüfung unterziehen, und zwar, indem sie sich die Kontrolle über ein Machtsymbol, nämlich das Auto, aneignen und das Steuer übernehmen, nicht um zum Einkaufen um die Ecke zu fahren, sondern ihren Lebensbereich hinter sich zu lassen: Ihre *frontier* ist die Haustürschwelle, spätestens die Grenze des *suburbs*, der Stadt. Im Unterschied zu männlichen Road Movie-Helden, die auch von dem ihnen vorgeschriebenen Weg abweichen und aus der Gesetzmäßigkeit der bürgerlichen Gemeinschaft fliehen, sich jedoch im Außenraum noch immer in ihrem angestammten Raum bewegen, verkörpern Frauen unterwegs selbst die Abweichung.[194] Mit dem Weggang von Heim und Herd unternehmen sie nicht nur den Versuch, die Sphäre des weiblichen Lebens, den häuslichen Innenraum zu verlassen; vielmehr überschreiten sie damit die Grenzen der genderkodierten Raumaufteilung und stellen die binäre Ordnung der Geschlechter, ihrer Räume und Rollen in Frage.
Aber kann sich die Hoffnung, die Straße sei ein Ort außerhalb der festgeschriebenen Raum- und Genderkonventionen, erfüllen? Aufschluss darüber, ob das Genre solche Überschreitungen zulassen kann, ohne seinen spezifischen Genre-Charakter zu verlieren, gibt erst der Schluss der Filme.

---

[192]Bahiana, Ana Maria. 1991. „Callie Khouri. Scripting *Thelma & Louise.*" *Cinema Papers* 85, November, 36.
[193]S. Roberts (1997: 62).
[194]Vgl. S. Willis (1997: 287): „If the most conventional road movies follow a protagonist whose journey inscribes a deviation or a serie of deviations from an imagined proper path, when socially „marginal" protagonists – any women at all, gays, and people of color – hit the road, they themselves come to embody the deviation that their travels also represent (...)."

Bevor Road Movies mit Protagonistinnen, die den ihnen zugewiesenen Platz in der Narration verlassen, schon als fertige Modelle im Sinne subversiver Lösungen interpretiert werden können, offenbaren sie zunächst einmal die Raum- und Genderkonventionen eines Genres und deren Grenzen. Denn „(i)nserting female protagonists into this male-oriented genre neither simply subverts nor subsumes its masculinist tendencies."[195] Es geht vor allem darum, die Gender- und Raumkonventionen und deren Dichotomien, die die Konstruktion des Road Movie-Genres bestimmen, sichtbar zu machen.

---

[195] S. Roberts (1997: 64); vgl. ebd. (1997: 66): „(...) these films tend metaphorically to raise their hands in „feminine" despair." Vgl. auch D. Laderman (1996: 54ff): Er spürt das Potenzial von Rebellion in Road Movies in der Nachfolge von *Thelma & Louise* auf. Vgl. Schatz (1981: 35; Hervorhebung des Autors): „As has often been said, Hollywood movies are considerably more effective in their capacity to raise questions than to answer them. This characteristic seems particularly true of genre films. And as such, the genre's fundamental impulse is to continually *renegotiate* the tenets of American ideology."

3. Being Out of Their Proper Place – Zwei Filmanalysen

3.1 Filmanalytische Parameter

Die alleinreisenden Frauenfiguren im Road Movie stellen eine Provokation für die binäre Opposition der Geschlechter und des Raumes dar, denn: „Travel, even the idea of travelling, challenges the spatial association between home and women that has been so important in structuring the social construction of femininity in the ‚West', in Western social theories and institutional practices"[196] – und auch im dominanten Diskurs von Narration, von der *Odyssee* bis hin zum Hollywood-Kino.

Die nachfolgenden Analysen verfolgen zwei Hauptlinien: Einerseits gilt es, die Momente der Überschreitung zu erkennen, die als unangemessenes Verhalten der weiblichen Hauptfiguren etwa durch die Reaktionen der Nebenfiguren deutlich gemacht werden. Daraus lässt sich ermitteln, welche Raumrestriktionen zugrunde liegen und auf die Narration einwirken und welche geschlechtsspezifischen Zuschreibungen damit verbunden sind. Andererseits kann das Phänomen der Überschreitung nicht alleiniger Maßstab der Filmanalysen sein, da diese ausschließliche Betrachtungsweise die bestehende Dichotomie, die Grenze der Trennung auch stabilisiert und Bereiche vernachlässigt, die ein Ambivalenzmoment stärken. Es gilt immer wieder zu betonen: „Public was not really public and private not really private despite the potent imagery of ‚separate spheres'. Both were ideological constructs with specific meaning, which must be understood as products of a particular historical time."[197] Um die binäre Struktur der Raumaufteilung in Innen-privat-Frau und Außen-öffentlich-Mann begreifbar zu machen, um die Dichotomie als solche in den Blick zu rücken, werden deshalb auch Momente erforscht, die zwischen diesen Bereichen vermitteln und die Vielfältigkeit von Raumbesetzung ausdrücken.[198]

Als ein Moment der Vermittlung lässt sich beispielsweise das Automobil begreifen, denn neben der Bewältigung von Distanz, was den Eindruck von Raum-Schrumpfung zur Folge hat, verkürzt das Auto auch den Abstand zwischen privatem und öffentlichem Raum. Insofern dieser private Raum Auto, in dem auch die darin verbrachte Zeit privat wird, überallhin bewegt, abgestellt, verlassen und wieder aufgesucht werden kann, geschieht es, „(that the) distinction between public and private space becomes less and less meaningful."[199]

---

[196] L. McDowell (1999: 206/203-223 „Displacements").
[197] Davidoff, Leonore/Hall, Catherine. 1987. *Family Fortunes. Men and Women of the English Middle Class 1780-1850.* London: Hutchinson, 33, zit. nach K. Hausen (1992: 87).
[198] Vgl. L. McDowell (1999: 221); vgl. I. Schabert (1995: 193).
[199] T. Corrigan (1992: 147); vgl. M. d'Eramo (1996: 127): „Das Metall- oder Plastikgehäuse eines Autos ist eine Art Walkman in zigfacher Potenz, der Geräusche und Kontakt abschirmt. (...) Das Auto ist privat nicht nur als Besitz, sondern vor allem, weil es das, was für Jahrhunderte öffentliche Zeit war, in private verwandelt: der Weg des Wanderers in den

Es findet eine Verschiebung statt: „little by little a logic of „driving" has replaced a very subjective logic of possession and projection."[200] Das Auto – oder in seiner gesteigerten Form: der Wohnwagen (Trailer) – wird zum ambivalenten Ausdruck von Sehnsucht nach Sesshaftigkeit und Identifikation mit einem bestimmten Ort, und Sehnsucht nach Mobilität und einer eigenen Geographie der Bewegung, für männliche wie für weibliche Insassen.[201] Die bestehenden Konstruktionen werden, so betrachtet, nicht nur sichtbar gemacht, sondern ihre als unveränderbar ausgewiesene Natürlichkeit und dauerhafte Universalität auch widerlegbar.

Bei der Analyse der zwei Filme *Thelma & Louise* und *Leaving Normal* wird zunächst überprüft, ob die Genre-konstituierenden Elemente Straße, Fahrzeug und Reise-Erzählung ermittelt und aufgrund dessen die Filme als Road Movies identifiziert werden können.
Über das Einwirken der Raumverhältnisse auf die Heldinnen, die jeweils zu zweit, also Genre-üblich als Buddies unterwegs sind, gibt die vergleichende Betrachtung der Ausgangssituation, des Reiseantritts und -verlaufs Aufschluss. Wichtig ist es, zu untersuchen, welchen Stellenwert das Heim als der vermeintlich „weibliche" Raum bei den Heldinnen hat, wie es dargestellt wird und welche Rolle damit einhergehende Eigenschaften spielen. Interessant ist außerdem, ob Ansprüche und Erwartungshaltungen der Heldinnen und ihrer Umgebung, vor allem im Sinne eines angemessenen geschlechtsspezifisch orientierten Raum-Verhaltens, kenntlich werden. Es gilt dann vor allem, den Moment der Überschreitung zu ermitteln.
Während der hauptsächlichen Reiseerzählung liegt das Augenmerk auf den Momenten des Wandels der Raumverhältnisse, der entscheidenden Einfluss auf die Entwicklung der Heldinnen und auf den Fortgang der Reise nimmt. Von Bedeutung ist, ob und wie die Bereiche Innenraum/Außenraum, privater/öffentlicher Raum, Heim/Heimatland thematisiert werden.

Canterbury Tales, die Postkutsche bei Tom Jones oder der Zug, in dem wir dem Fürsten Myschkin in Dostojewskis *Der Idiot* begegnen."
[200] Baudrillard, Jean. 1983. „The Ecstasy of Communication." In: Foster, Hal (Hg.). *The Anti-Aesthetic: Essays on Postmodern Culture*. Seattle: Bay Press, 127; Baudrillard verweist in diesem Zusammenhang auf Barthes, Roland. 1964. „Der neue Citroën." In: Ders. *Mythen des Alltags*. Frankfurt am Main: Suhrkamp, 76-78.
[201] Vgl. M. d'Eramo (1996: 84-89); zu *mobile homes* und *trailers* in USA, ebd. (1996: 85): „Gegenüber der raffinierten Form einer repetitiven, immer gleichen Behausung stellt das *mobile home* gewissermaßen eine Vorform dar, mit der sich Beständigkeit des Heimes mit Mobilität des Wohnens verbinden lässt. (...) Man kann auf diese Weise reisen und sich trotzdem immer von einer schützenden Hülle umgeben fühlen." Vgl. S. Aitken/C. Lukinbeal (1997: 349ff). Natürlich kann auch das Auto ein streng dichotomisierter Raum sein, wenn der Mann den Fahrersitz einnimmt und aktiv die Bewegung steuert, während die Frau im doppelten Sinne passiv bleibt: Sie wird gefahren, vom Auto und vom Mann.

Das komplexe Verhältnis von Überschreitung und „restaurativem" Ende erfordert die Diskussion der von Hollywood vorgegebenen Genre-Konstituenten. Die klassische Narration bietet nur zwei Möglichkeiten: „The closure of classical narrative (of which the Hollywood happy ending is a typical form) enacts the restoration of patriarchal order; the transgressing woman is either forgiven and subordinated to that order, or punished, usually by death."[202] Diese beiden Lösungen – Rückführung in den angemessenen Raum oder Bestrafung für das Verharren im unangemessenen Raum zum Beispiel durch Tod – unterstützt die streng binäre Opposition. Das Zulassen der Überschreitung macht zwar die Raum-Genderkonventionen als Konstruktion sichtbar; in dieser Konsequenz jedoch bestätigt sich die Notwendigkeit der Dichotomie des als „weiblich" konnotierten Innenraums und des als „männlich" konnotierten Außenraums im Road Movie-Genre.
Nachdrücklich soll auch die Schlusssituation dahingehend überprüft werden, ob sich Perspektiven eröffnen, die eine Vermittlung zwischen der Dichotomie der Räume und Geschlechter unternehmen. Hier liegt einerseits das Potenzial zum Wandel der Raum-Genderkonventionen des Genres und zugleich die Gefahr, die Grenzen des Genres so weit aufzuweichen, dass der eingangs als Road Movie eingestufte Film nicht mehr dieser Genre-Benennung standhält.

3.2 Outside of Everything – *Thelma & Louise*

Der Kinostart von *Thelma & Louise* im Mai 1991 löste eine heftige Debatte um Rollenstereotypen in Filmgenres und im dominanten kulturellen Diskurs im allgemeinen und insbesondere um das Thema ‚Frauen und Gewalt' aus, die sich in den unmittelbaren Reaktionen der Filmkritiken zeigte, aber auch längerfristig in filmwissenschaftlichen Auseinandersetzungen niederschlug. Schon die Titelstory des *Time Magazine* im Juni 1991 präsentierte eine Vielfalt von Pressestimmen, und alle nachfolgenden Artikel und Aufsätze sahen sich verpflichtet, die anhaltende Kontroverse um den Film zusammenfassend dem eigenen Verständnis voranzustellen.

> It has been condemned by both men and women – for its male-bashing on the one hand (all the men in the film are hazardous to women one way or another), and for its betrayal of the feminist agenda on the other (the film is just a male buddy-movie in female clothing, a male fantasy of life on the road). It has been called „small-hearted", „toxic", even „fascist" in its use of the transformative powers of violence. On the other hand, viewers have described it as groundbreaking, glorious, even transcendent.[203]

---

[202] R. Wood (1986: 209); vgl. auch S. Morrison (1988: 42); vgl. außerdem Bronfen, Elisabeth. 1994. *Nur über ihre Leiche. Tod, Weiblichkeit und Ästhetik*. München: Verlag Antje Kunstmann.
[203] Putnam, Ann. 1993. „The Bearer of the Gaze in Ridley Scott's *Thelma and Louise*." *Western American Literature* 27: 4, Winter, 291; vgl. Schickel, Richard. 1991. „Gender Bender." *Time – The Weekly Newsmagazine* 137: 25, 24. Juni, 52-56; vgl. Dowell, Pat u.a. 1991. „Should We Go Along for the Ride? A Critical Symposium on *Thelma & Louise*."

Von Beginn an galt der Film als Einschnitt in den Genre- und Genderkonventionen des Hollywood Kinos, denn zwei Frauenfiguren als Heldinnen eines Road Movies bedeuteten eine noch nie dagewesene Provokation. Es wurde prophezeit: „Ten years from now it will be seen as a turning point"[204] – aber welchen Stellenwert hat der Film aus heutiger Sicht, fast zehn Jahre später, vor allem in Bezug auf die Heldinnen im Road Movie? Sicherlich hat *Thelma & Louise* die Produktion von Filmen wie *Set It Off* vorbereitet, der von vier afroamerikanischen Frauen handelt, die schwerbewaffnete Banküberfälle verüben.[205] Auch im europäischen Kino kamen einige Frauen-Buddy-Road Movies in der Nachfolge von *Thelma & Louise* auf den Markt – wie beispielsweise *Butterfly Kiss, Burning Life, Personne ne m'aime* und *Bye bye Bluebird*. Aber die zunächst als massiv empfundene, kritisierte und gelobte Überschreitung wird, wie diese Analyse zeigt, angesichts der im Genre wirkenden Raumgesetze doch relativiert. Thelma und Louise haben *das Genre* nicht revolutioniert; vielmehr stellt sich der Wendepunkt zugleich als eine Sackgasse heraus.

3.2.1 Die Genre-Zugehörigkeit I

Es ist zunächst wichtig, die Genre-Zugehörigkeit von *Thelma & Louise* abzusichern. Obwohl der Film verschiedentlich auch anderen Genres zugeordnet wird,[206] überwiegt seine Einordnung als Road Movie. Dies bestätigt die Überprüfung der im ersten Teil der Arbeit vorgestellten Konventionen.

Der Film erzählt eine Reise: Der harmlose Ausflug der Freundinnen Louise Sawyer, Kellnerin, und Thelma Dickinson, Hausfrau, wandelt sich zur Flucht, nachdem Louise bei einer Rast den Mann erschießt, der Thelma zu vergewaltigen versucht hat. Eine Kette von Ereignissen führt dazu, dass weder die Rückkehr in ein normales Leben, noch das Gelingen der Flucht nach Mexiko wahrscheinlich ist, sodass sich Thelma und Louise schließlich,

---

Cineaste 18: 4, 28-36; vgl. Willis, Sharon. 1993. „Hardware and Hardbodies: What Do Women Want? A Reading of *Thelma & Louise*." In: Collins/Collins/Radner, 1993, 120-128; vgl. J. Boozer (1995: 188-196); vgl. D. Laderman (1996: 54f); weitere Kritiken und Aufsätze siehe Literaturverzeichnis.
[204]Peter Keough, Filmredakteur bei *Phoenix*, Boston, zit. nach R. Schickel (1991: 53).
[205]Folgende Kritiken stellen den Bezug zwischen *Set It Off* und *Thelma & Louise* her: Hardy, Ernest. Rez. 1996. „Set It Off." *Film.com Critics* http://www.film.com/film-review/1996/9393/98/default-review.html; Kothenschulte, Daniel. Rez. 1997. „Set It Off." *Filmdienst* http://www.systhema.de/service/Movienews/filme/1997/09_97set.htm.
[206]Vgl. Holmlund, Christine. 1994. „A Decade of Deadly Dolls." In: Birch, Helen (Hg). *Moving Targets. Women, Murder and Representation.* Berkley/Los Angeles: University of California Press, 135: Sie sieht *Thelma & Louise* als Genre-Mischung aus „comedy, the road movie, romance and the female buddy film"; vgl. Chumo II, Peter N. 1994. „At the Generic Crossroads with *Thelma & Louise*." *Post Script* 13: 2, Winter-Frühling, 3-13. Chumo stellt *Thelma & Louise* in die Tradition des Outlaw Films (wobei seine Beispiele *Bonnie & Clyde, Butch Cassidy and the Sundance Kid* und *Badlands* klassische Road Movies mit Outlaw-Paaren sind) und der Screwball Comedy.

nach längerer Verfolgung, zur Fortsetzung ihrer Fahrt bis über den Abgrund des Grand Canyons hinaus entscheiden.
Die Grundelemente des Road Movies, namentlich ein Klassiker als Fahrzeug: der Ford Thunderbird und alte Highways, die Nebenstraßen der Interstates, spielen in diesem Reisefilm sowohl in der Narration als auch in der visuellen Darstellung eine große Rolle, und auch das entsprechende „Zubehör" in Form von Roadhouse, Diner, Tankstellen, Motel inklusive dem Personal wird deutlich bedient. Als Zitate, die andere Subgenres des Road Movies oder das Grundmotiv der Fortbewegung betreffen, lassen sich die Begegnungen unterwegs mit Trucks, Motorrädern, Eisenbahn, Fahrrad und Flugzeug bewerten. Ebenso spielt der Jahrgang des Fluchtautos, eines T-Bird 66, eindeutig auf die Tradition des Genres und den damit verbundenen Mythos der *Route 66* an.
Thelma & Louise gehört dem Subgenre des Flucht-Road Movies an und weist im Schlussteil die Genre-typische Verfolgerüberzahl der Polizei-Armada auf. Auch das Fluchtziel Mexiko entspricht den festgestellten Konventionen, wobei sich interessanterweise – zuerst durch Louises Weigerung, Texas zu durchqueren, danach durch die Notwendigkeit, schnell die nächste Staatsgrenze zu erreichen – die Fluchtrichtung Süden nach Westen hin verändert und damit die klassische freiheitsverheißende Bewegungsrichtung der amerikanischen Besiedelung nachvollzieht.
Nicht nur mit diesem Richtungswechsel, der bis zum Ende des Films beibehalten wird, gelingt dem Film deutlich die Anbindung an das Western-Genre. Schon das erste Roadhouse ist hinsichtlich seines Namens *Silver Bullet*, der Ausstattung, der Aufmachung der Gäste, der Musik und des entsprechenden Tanzes als Country-Western-Club gekennzeichnet. Nachdem der Anhalter J.D. im Jeans-Look und mit Cowboy-Hut als moderner Cowboy erscheint und auch einfach ‚Cowboy' genannt wird, durchqueren Thelma und Louise nach ihrem Schwenk nach Westen eine Viehherde, die von ‚echten' Berufs-Cowboys getrieben wird und auf die trails des historischen Viehtriebs hinweist. Auch das Einfügen des durchfahrenden Zuges am Bahnübergang kann als Anspielung verstanden werden, und zwar auf das Subgenre des Eisenbahn-Westerns, der die Erschließung des amerikanischen Kontinents durch den Bau der Eisenbahn thematisiert.[207] Der Schlussteil des Films endlich führt die Heldinnen in den klassischen Western-Landschaftsraum von Monument Valley und rundet die Einbettung dieses Road Movies in den „sandfarbenen Männerkontinent"[208] des Western-Genres und seinen nationalen Raum-Mythos ab.
Die grobe Struktur der Raumorganisation von *Thelma & Louise* hängt sowohl mit dem Handlungsabriss als auch mit den dargelegten Genre-konstitu-

---

[207]Vgl. M. Bertelsen (1991: 60f).
[208]Kruttschnitt, Christine. 1991. „Kranker Film für kranke Leute." *Stern* 42, 10. Oktober, 314; vgl. M. Dargis (1991: 17f); vgl. L. Braudy (1991-92: 28); Kinder, Marsha. 1991-92. „*Thelma & Louise* and *Messidor* as Feminist Road Movies." *Film Quarterly* 45: 2, Winter, 30-31.

ierenden Elementen zusammen und entspricht ebenfalls den Konventionen: Die Straße fungiert als Möglichkeitsraum, der zunächst lediglich „fun & freedom" abseits des Alltags verspricht, sich dann jedoch zum Symbol für die Sicherung der Existenz wandelt – einerseits rückblickend, indem die zurückgelegte Strecke einen Raum der Distanz zu den Verfolgern herstellt, und andererseits zukunftsorientiert, da die Straße in einen vermeintlichen Raum der Freiheit namens Mexiko führen kann. Eine Einstellung (102. Min.) reflektiert diese Gleichzeitigkeit, denn es kommt zum Bild im Bild, Rückspiegelblick im Vordergrund und Frontblick im Hintergrund.[209] Der T-Bird 66, der während der ganzen Fahrt alleiniges Transportmittel bleibt, wird mehr und mehr zum Lebensraum der Heldinnen, die nach den schlechten Erfahrungen mit Stopps unterwegs und aus Zeitnot schließlich auch die Nacht fahrend im Auto verbringen. Die Bewegung der Reise erfolgt vom Innenraum, also von ‚home' im Sinne von Heim und Zivilisation, hin zum Außenraum, also des ‚home' im Sinne von nationaler Landschaft und Heimatland.

3.2.2 Die Narration
Die Geschichte von *Thelma & Louise* lässt sich insofern zunächst als eine Geschichte der Heldinnen im Raum erzählen, in der es um das Wechselspiel von Innenraum, Außenraum und Bewegung zwischen diesen und die Möglichkeit von „choices and freedom"[210] geht. Allerdings haben die Heldinnen nicht den alleinigen Anspruch auf den narrativen Raum, denn in einer Art Parallelmontage zu ihrer Fahrt werden die fortschreitenden Ermittlungen erzählt, die die zunehmende Einschränkung ihres Fluchtraums bewirken. Der Film operiert also auf zwei alternierenden Narrationsebenen, die zwar räumliche und zeitliche Trennung der Handlungsstränge implizieren, jedoch durch verschiedene narrative Techniken – zum Beispiel Telefonate der Heldinnen mit den Verfolgern – miteinander verbunden sind und ineinander greifen. Auch die visuelle Inszenierung, zum Beispiel die Lichtsetzung, unterscheidet zwischen den beiden Ebenen. Der Handlungsstrang der Verfolger, dem wesentlich kürzere Erzähleinheiten des Films eingeräumt werden, erscheint der Klarheit halber im Folgenden eingerückt in Kursivschrift.

Ausgangspunkt der vorerst als Ausflug geplanten Reise sind die heimischen Wirkungsräume von Thelma und Louise irgendwo in Arkansas. Schon nach kurzer Fahrt kehren die beiden bei dem Roadhouse *Silver Bullet* ein, auf dessen Parkplatz sich der Zwischenfall ereignet – die Ermordung von Harlan Puckett nach der versuchten Vergewaltigung an Thelma –, der für Louise eine Rückkehr unmöglich macht und die Flucht nach vorne initiiert.

Auf dem Parkplatz nimmt Hal Slocumb die Ermittlung in dem Mordfall auf; es gibt Hinweise auf die beiden fremden Frauen.

---

[209]Vgl. 2.2.2, S. 28f.
[210]Ridley Scott, zit. nach A. Taubin (1991: 19): „The film's not about rape. It's about choices and freedom."

Das zur Rast angesteuerte Motel stellt einen Zwischenraum dar, denn noch weiß niemand, wer und wo sie sind. Aber Louise gibt am Telefon das nächste Ziel Oklahoma City preis, wohin Freund Jimmy ihr dringend benötigtes Geld schicken soll. Wieder unterwegs nennt Louise ihrer Mitstreiterin Mexiko als ihr Fluchtziel.
Die State Police schaltet das FBI ein.
In einem zweiten Telefonat ist es nun Jimmy, der Louise den Ort für die Geldhinterlegung diktiert. Thelmas telefonische Rückkehr nach Hause konfrontiert sie mit ihrem unverschämten Ehemann Darryl, sodass auch sie endgültig in die Flucht nach Mexiko einwilligt.
Slocumb forscht in einer Computerdatei nach Fahrzeughaltern eines grünen T-Bird 66, da dieser als flüchtendes Fahrzeug erkannt worden ist; Louise Sawyer erscheint in der Liste.
Der Halt an dem Bahnübergang erlangt, obwohl nicht näher räumlich spezifizierbar, deshalb Bedeutung für den Film als Raum-Geschichte, weil hier der Richtungswechsel eingeleitet wird. Die von Louise an Thelma weitergereichte Landkarte – die Vereinigten Staaten von Amerika als geographischer Raum auf einem Faltplan, offenbart und gebannt, grenzenlos und begrenzt zugleich – hält zunächst scheinbar unendlich viele Fluchtrouten bereit. Als Thelma den kürzesten Weg von Oklahoma City nach Mexiko durch Texas ausmacht, widerspricht Louise: Texas ist ein unbetretbarer Raum für sie, den sie unter keinen Umständen durchqueren kann.[211] Darum wird der Umweg in Richtung Westen notwendig und schon in dieser Situation am Bahnübergang durch den durchfahrenden Zug angezeigt.[212]
Slocumb dringt mit einer Scheckkarte in Louises privates Heim ein.
Die Aussicht, bald mit den Lebensersparnissen von Louise in ihren zukünftigen Lebensraum Mexiko flüchten zu können, lässt die Heldinnen die Fahrt durch fruchtbare Landschaft laut singend auskosten.
Louises Arbeitsplatz ist der nächste Ort, an dem Slocumb fahndet.
Louise lässt sich von Thelma überreden, den Anhalter J.D., im Cowboy-Look ein weiterer Vorbote des Western-Raums, mitzunehmen.
Slocumb erscheint zum ersten Mal bei Darryl und erfährt, dass Thelma viel Gepäck und eine Waffe mitgenommen hat.

---

[211] In vielen Kritiken wird selbstverständlich angenommen, auch Louise sei, und zwar in Texas, vergewaltigt worden. Wie Krützen ausführt, wird die tatsächliche Backstorywound im Film aber nicht genannt – Louise weigert sich, über ihre persönliche Geschichte bezüglich Texas zu sprechen, und bleibt diesem Prinzip bis zum Schluss treu –, sie geht nur aus dem Buch von Callie Khourie hervor (vgl. Krützen, Michaela. 2000. *Filmerzählungen. Narrative Strukturen in Produktionen des klassischen Hollywood-Kinos*. Unveröffentlichte Habilitationsschrift, Stand: November 1999, 71, Kapitel 3.4 „Backstorywound und Produktionspraxis", mit freundlicher Genehmigung der Autorin); vgl. S. Willis (1993: 123): „the detour (...) circumscribes (...) the personal history that is at once obscure, empty, and structuring."
[212] Die Fluchtrichtung Westen wird noch einmal betont, als Thelma später die unbrauchbare Karte der amerikanischen Ostküste auf den Rücksitz wirft.

Der Name des vereinbarten Ortes in Oklahoma City – *The Vagabond Motel* – ist Programm,[213] und die Nacht ihres dortigen Aufenthalts gibt der Fluchtreise von Thelma und Louise eine entscheidende Wende. Einerseits wartet, entgegen der Verabredung, Jimmy in persona mit dem Geld auf Louise, aber sein Heiratsantrag, der die Gründung eines gemeinsamen Heims in Aussicht stellt, kommt für Louise zu spät. Im Motel der Vagabunden muss jeder seiner Wege gehen: „I think it's time to let go", sagt Louise (55. Min.). Andererseits erwirkt parallel dazu J.D. die Einladung zu Thelma ins Zimmer, streift ihr mit dem Ehering endgültig die treue Vorort-Hausfrau vom Finger und führt sie im Gegenzug in den Outlaw-Raum ein.[214] Am nächsten Morgen erweist er sich als tatsächlich räubernder Outlaw (und nicht nur als fabulierender Vagabund), als die Heldinnen entdecken, dass er mit dem Geld getürmt ist – was nicht nur ihr mögliches Leben in Mexiko, sondern überhaupt die Fortsetzung ihrer Fahrt und das Erreichen des Fluchtziels in Frage stellt.

Slocumb, der FBI-Vertreter Max und weitere Ermittler nisten sich im Dickinson'schen Heim ein und überwachen das Telefon.
Beim nächsten Halt verschwindet Thelma in einem Laden und unternimmt dort etwas gegen die plötzliche Mittellosigkeit, sodass das Gelingen ihrer Flucht einerseits wahrscheinlicher, andererseits wegen Thelmas bewussten Gesetzesübertritts noch dringender wird:

Thelmas Vorgehensweise beim Ladenüberfall im Stile von J.D. zeigt ein Überwachungs-Videoband, das Slocumb, Max und Darryl in einem Büro der Polizei ungläubig anschauen.
Die anschließende Fahrt führt Thelma und Louise mehr und mehr in weite, offene Landschaft, und sie folgen – befreit und genießerisch – dem Ruf dieser Wildnis, „the call of the world".[215]

Als Jimmy aus Oklahoma City zurückkehrt, erwarten ihn die Ermittler.
Wie ein Grenzposten wirkt die Hütte, an der der nächste Zwischenstopp eingelegt wird. Indem Louise ihren Schmuck, ein Symbol der Weiblichkeit und damit auch des entsprechenden Heim-Raums, gegen den Cowboy-Hut des dort sitzenden alten Mannes eintauscht, besiegelt sie ihren Eintritt in den Raum des Weste(r)ns.

J.D. ist gefasst und wird verhört. Slocumbs Wohlwollen für die beiden Frauen kommt in der Anschuldigung J.D.'s zum Ausdruck, ihre Chance – sich nicht wegen eines weiteren Gesetzesbruchs verantworten zu müssen beziehungsweise die Flucht erfolgreich durchzuführen – durch den Raub des Geldes zunichte gemacht zu haben. Er verlangt um-

---

[213]Der Begriff ‚Vagabund' stellt in diesem Zusammenhang auch den Bezug zu *On the Road* her, in dem die Figur des amerikanischen ‚hobo'/Penners der Nachkriegszeit idealisiert wird; vgl. dazu D. Laderman (1996: 42). Auch die Stadt Oklahoma City steht sowohl in der Tradition des Westerns als auch in der des amerikanischen Road-Mythos der *Route 66*; siehe Liedtext, Anhang 2, S. 89.
[214]Im Anschluss an den gespielten Ladenüberfall bezeichnet Thelma J.D. als Outlaw.
[215]Zitat Thelma (73. Min.), in der deutschen Version heißt es „Ruf der Wildnis".

fassende Informationen, um ihnen mit seinem Verständnis für ihre Lage trotz der Jagd nach wie vor helfen zu können.
Louises erstes Telefonat mit Slocumb in Thelmas altem Heim von einer Tankstelle aus ergibt, dass sie vorerst nur als Zeuginnen, Thelma allerdings auch wegen des bewaffneten Überfalls gesucht werden, und alarmiert sie zugleich: Die Verfolger kennen – durch Thelma an J.D. weitergegeben und von ihm verraten – ihr Fluchtziel Mexiko. Ihre letzten beiden Raum-Vorteile, nämlich dass niemand wusste, wo sie waren und wohin sie wollten, sind dadurch verloren.
Slocumbs Truppe wohnt bei Darryl und wartet ab.
Entgegen dem Eindruck der Freiheit, den die weite Wüstenlandschaft in Referenz auf den zugrunde liegenden Western-Raum vermittelt und dem die Gewalt implizierenden Taten der Gesetzlosigkeit von Thelma und Louise entsprechen,[216] schrumpft der mögliche Fluchtraum für die Heldinnen. Diesen Umstand bestätigt das zweite Telefonat von Louise und Slocumb auf zweierlei Weise. Louises Standortbeschreibung, die sich auf die Landschaft bezieht, kann als Wissen um die Auswegslosigkeit, das heißt: die Raumlosigkeit ihrer Situation gedeutet werden, wenn sie sagt: „Well, we are not in the middle of nowhere, but we can see it from here." (99. Min.) Wichtiger ist Slocumbs Enthüllung: „I know what happened to you in Texas" (100. Min.), denn seine Kenntnis heißt, dass er Louises sorgsam geheim gehaltenen, privatesten Trauma-Raum durchdrungen hat.
Von hier aus gibt es kein Entkommen mehr, denn auch wenn sie sich stellten, würden Thelma und Louise, wenn überhaupt, im geschlossenen Innenraum eines Gefängnisses weiterleben.
Dieses Telefonat dauert lange genug, um den genauen Aufenthaltsort der beiden zu ermitteln; das FBI übernimmt die Leitung der Jagd.
Während der Weiterfahrt fantasieren Thelma und Louise zum ersten Mal über ein mögliches Leben jenseits der Grenze, und Mexiko wandelt sich in diesem Moment endgültig vom realen, erreichbaren Fluchtraum in einen unerreichbaren Raum der Imagination.
Gleichzeitig mit der Entdeckung des gesprengten Trucks sendet das Radio ‚nationwide' die polizeiliche Suchmeldung nach Thelma und Louise; sowohl Einsatzwagen als auch der Hubschrauber mit Slocumb und Max starten zur entscheidenden Verfolgung.
Die Jagd, die in die Berge führt, umzingelt sie schließlich räumlich ganz konkret am Rande eines Abgrunds des Grand Canyons. Nicht bereit, aufzugeben, folgen sie beherzt Thelmas Aufforderung „Keep going" (119. Min.) und fahren über den Rand hinaus. Bevor jedoch der Absturz gezeigt wird, endet der Film mit einer Weißblende, die die Heldinnen im T-Bird über

---

[216] Hiermit sind folgende Szenen gemeint: Sie schalten einen Verkehrspolizisten aus, der sie zu stellen versucht, ohne ihn jedoch zu töten, und sprengen einen Truck in die Luft, nachdem dessen Fahrer sich auch bei der dritten Begegnung unterwegs als sexistischer Chauvinist aufführt.

dem Abgrund schwebend visuell einfriert, und demonstriert so den vollkommenen Raum-Verlust und die Einsicht in die Unverfügbarkeit von frei gewähltem Lebensraum – bis auf den der Imagination.

3.2.3 Die Heldinnen als Buddies

Eigentlich entspricht die Wahl der Heldenkonstellation in Form von zwei Buddies der Orientierung an gängigen Road Movie-Konventionen, genau an dieser Stelle aber unternimmt der Film auch die grundlegende Überschreitung der Konventionen, da diese Buddies weiblichen Geschlechts sind. Die anschließende Frage lautet, inwiefern sich unter dem Blickwinkel der Raumorganisation die Raumkonventionen als Faktoren offenbaren, die in enger Wechselwirkung mit den Genderkonventionen des Road Movie-Genres stehen. Was genau macht die Überschreitung aus? Wie sind die Reaktionen darauf zu bewerten? In welcher Hinsicht funktioniert der Freitod der Heldinnen anders als der eigentlich nicht ungewöhnliche Tod des Buddy- oder Outlaw-Paars am Schluss eines Road Movies?

Schon die Ausgangssituation der Heldinnen offenbart, dass *Thelma & Louise* vollkommen in der Tradition der Dichotomie von Innen- und Außenraum und der entsprechenden geschlechtsspezifischen Zuteilung steht, denn beide Protagonistinnen werden dem Inbegriff des ‚weiblichen' Innenraums zugeordnet, der Küche. Dieser Raum ist auch visuell reduziert dargestellt: „The shots of Thelma's kitchen are so dark and narrow the setting looks more like a trailer than a house. The space is equally constricted for Louise, as she weavers her way between tables, customers, other waitresses like herself."[217] Während Louise als Bedienung in einem betriebsamen Diner einem traditionellen Frauenberuf nachgeht,[218] wird Thelma unmissverständlich als Hausfrau eingeführt, bestätigt schon in der ersten Anrede durch Louise am Telefon: „How are you doing, little housewife?" (3. Min.) Sie bemüht sich, ihrem Ehemann Darryl ein *angel of the home* zu sein, indem sie ihm Kaffee anbietet und nach seinen Wünschen für das Abendessen fragt.

Wird Louise, die nicht mit ihrem Freund Jimmy zusammenlebt, in räumlicher Hinsicht als unabhängig gezeigt, macht sich bei Thelma die räumliche Restriktion klar bemerkbar. Sie erzählt, sie habe die Stadt noch nie ohne Darryl verlassen, und: „All he wants me to do is hanging around the house the whole time while he's out and doing God knows what." (9. Min.) Thelma verkörpert damit die typische amerikanische „Vorort-Hausfrau",[219] die bisher dem für sie vorgesehenen Platz in der urbanen Umsetzung der geschlechts-

---

[217] A. Putnam (1993: 293f); vgl. J. Boozer (1995: 192): „Both protagonists are introduced in confined settings, restlessly preoccupied with domestic or commercial food service, (...)"; vgl. Abrams, Janet. Rez. 1991. „Thelma & Louise." *Sight and Sound* 1: 3, Juli, 56.
[218] Die Figur der Kellnerin im Road Movie verdiente mehr Beachtung, als in diesem Rahmen möglich ist. Es muss der Hinweis genügen, dass alle weiblichen Figuren am Wegesrand in *Thelma & Louise*, die neben den Heldinnen auch durch verbale Äußerungen (im *Silver Bullet*/*Vagabond Motel*) in Erscheinung treten, auch Kellnerinnen sind.
[219] B. Friedan (1979: 19).

spezifischen *divided spheres* vollkommen entsprochen hat. „Die *suburbs* sind erdacht worden und entstanden, um der Hausfrau und Mutter ein glückliches Leben zu ermöglichen, fern von den Ängsten des Erwerbslebens, der Stadt, der Masse und der *Fremden*."[220] Das Vorhaben der beiden Frauen, ein Wochenendausflug, um der Routine und Langeweile des Alltags zu entkommen und stattdessen Spaß zu haben, erscheint ganz harmlos. Für Thelma bedeutet das Verlassen des Hauses und der Stadt mit der Freundin aber eindeutig eine Überschreitung ihrer Raumgrenzen, denn „(d)as amerikanische Vorort-Haus ist nicht wirklich ein Gefängnis, und doch sind die Hausfrauen in ihm gefangen",[221] gefangen in der geschlechtsspezifischen Raumzuweisung und der damit einhergehenden Erwartungshaltung. Da ihr andernfalls ein Verbot drohte, kann sie nur in Abwesenheit von Darryl die Überschreitung bewerkstelligen.[222]

3.2.4 Die Überschreitung

Es ist Thelmas Überschreitung der Vorort-Heim-Grenze mit ihren Implikationen von ‚Weiblichkeit', die schließlich die Überschreitung der Grenze des Gesetzes durch Louise herausfordert. Wahrnehmbar, und das heißt: erprob- und kommentierbar, wird die Raumüberschreitung erst, als die Frauen nicht mehr im Raum-unabhängigen Auto unter sich sind, sondern das *Silver Bullet* betreten und mit der Unverfrorenheit konfrontiert werden, mit der Harlan Puckett, in Vertretung für die Öffentlichkeit des Roadhouse-Innenraums, die beiden Frauen anspricht. Seine plumpen Annäherungsversuche und ihre verschiedenen Reaktionen darauf zeigen zweierlei:
Einerseits behauptet der Film – streng der Dichotomie des Raums und der entsprechend zugeteilten geschlechtsspezifischen Eigenschaften folgend –, Thelma habe als eingefleischte Haus- und Ehefrau keine Erfahrung im Umgang mit Fremden im öffentlichen Raum und könne daher nichts anderes als naiv und gutgläubig sein.[223] Dies wird besonders deutlich im Gegensatz zur ablehnenden Haltung Louises, die durch ihren Beruf als Kellnerin in ständigem Außenkontakt mit Fremden geschult und abgehärtet ist.
Andererseits bestätigt der Film in Harlans Verhalten die traditionelle Annahme, dass Frauen, die ohne männliche Begleitung, also ohne deutlichen heterosexuellen Partnerschafts-Status jenseits des heimischen Innenraums unterwegs sind, sofort als Angebot aufgefasst werden (dürfen). Harlans

---

[220] M. d'Eramo (1996: 134; Hervorhebung des Autors); vgl. S. de Beauvoir (1988: 87).
[221] B. Friedan (1979: 201).
[222] Vgl. Westerlund-Shands, Kerstin. 1993. „Female Fatality in the Movies." *Moderna Språk* 87: 2, 118. Die Tatsache, dass die Narration beide Heldinnen vom Status der Mutterschaft entbindet, erleichtert natürlich deren Aufbruch und macht auch ihre Rückkehr hinsichtlich einer mütterlichen Verpflichtung nicht zwingend.
[223] Später erhält das Publikum die Information, dass Thelma tatsächlich noch nie mit einem anderen Mann als Darryl liiert war. Die Beziehung aus der Schulzeit ging nahtlos in die Ehe über. Thelmas Offenherzigkeit spiegelt sich auch in der Wahl ihrer Kleidung wider, die sie als Lockvogel erscheinen lässt.

Zugreifen, das durch diese Argumentationsweise legitimiert wird und in dem Versuch der Vergewaltigung gipfelt, illustriert mustergültig den bereits vorgestellten Mechanismus: „women who did not conform or keep to their place were constructed as wicked or fallen, subjected to abuse or vulnerable to physical danger (...)."[224]

Nicht nur die Überschreitung des Gesetzes, sondern vielmehr die Überschreitung der Genderkonventionen des Hollywood-Kinos im allgemeinen stellt Louises Reaktion auf die versuchte Vergewaltigung und verbalen Beleidigungen dar, denn sie hält mit der Waffe ein männliches Machtsymbol in der Hand und demonstriert mit der Erschießung Harlans die erfolgreiche Anwendung desselben.[225] Das handlungstreibende Motiv der Verteidigung der Ehre einer Frau, beziehungsweise der Rache für eine Vergewaltigung existiert schon, auch im Road Movie-Genre. Auch das Moment der Gewaltanwendung gehört zum Kanon der Genrekonventionen, vor allem in seinem Rückbezug auf das Western-Genre. Neu daran ist, dass sich die weiblichen Opfer selbst zur Wehr setzen und dadurch aus dem Opferstatus heraustreten und selbst zu Täterinnen werden.[226] Gebrauch von der mitgeführten Waffe zu machen, entspricht also den Genrekonventionen, bricht aber zugleich mit den Genderkonventionen des Genres, sodass gerade dieses Moment für großes Aufsehen gesorgt und diverse Stellungnahmen hervorgebracht hat.

> In male buddy outlaw films, neither the autonomy of the heroes nor the appropriateness of their actions is ever questioned. In *Thelma & Louise*, it is exactly this gentle but persistent question which drives the plot. Is their reaction to the assault, their decision not to report the crime, and their subsequent rampage „appropriate", the film asks? And, after all, didn't they „bring everything upon themselves"?[227]

---

[224]L. McDowell (1999: 149); vgl. J. Boozer (1995: 192); Putnam, die die Blickstrategien in *Thelma & Louise* untersucht, hält bezüglich der *Silver Bullet*-Szene Folgendes fest: „What happens at the roadhouse, aptly named the Silver Bullet, centers around the concept of the male gaze. It shows what happens when a woman becomes the object of the gaze." ebd. (1993: 294). Gebrochen wird die Natürlichkeit dieses Vorgangs lediglich durch die Kommentare der Bedienung, die Harlan als einschlägig bekannten Gast richtig einschätzen kann.
[225]Vgl. A. Putnam (1993: 295) zur Rückeroberung des Blicks: „The (male; A.S.) gaze has turned deadly, although it has been dangerous all along, for the seduction turns to rape, until Louise wrenches the gaze from him and claims it for herself, transforming him into the object at the other end of the gun."
[226]Vgl. Williams, Linda. 1991-92 „What Makes a Woman Wander." *Film Quarterly* 45: 2, Winter, 27-28; vgl. M. Bertelsen (1991: 134f); vgl. K. Esders-Angermund (1997: 11).
[227]R. Grundmann (1991: 35). Es kommt zu folgender Widersprüchlichkeit: Die Narration rechtfertigt Thelmas Besitz der Waffe, denn sie ist ein Geschenk Darryls zu ihrem Schutz. Die Notwendigkeit der Anwendung scheint jedoch nicht wirklich kalkuliert, wie sowohl die filmimmanente Kritik als auch die von Seiten der Rezeption deutlich werden lassen. Vgl. z.B. J. Boozer (1995: 191); vgl. hr. 1991. „Girls Just Wanna Have Guns." *Cinema* 10, 76.

Gleichzeitig mit diesem Bruch der Genderkonventionen erfolgt auch eine Verschärfung der überschrittenen Raumkonventionen, denn die Tat verändert die Reise der Heldinnen in eine notwendig gewordene Flucht, die sie – wie oben geschildert – in zunehmendem Maße in den Western- und Outlaw-Raum führt. Die hier verfolgte These lautet: Die fragliche „Angemessenheit" weiblicher Gewaltausübung kann als Konsequenz der Verflechtung von Raum-Genderkonventionen und Überschreitungen von deren Grenzen gelesen werden.

Das komplizierte Ineinandergreifen von Raumverhältnissen und geschlechtsspezifischer ‚Nutzbarmachung' verdeutlicht abschließend noch einmal die Betrachtung des Tatorts: Harlan Puckett weiß, dass der sexuelle Übergriff im Innenraum des Roadhouses wegen vielfach vorhandener Zeugen nicht möglich ist, und bedrängt Thelma erst draußen auf dem Parkplatz. Genau diese Raumorganisation arbeitet aber gegen die weiblichen Figuren, denn die Gäste im Innenraum können Thelmas williges Einlassen auf Harlans noch harmlose Verführung bezeugen, und auf dem Parkplatz legt die zurückgelassene Leiche Harlans Zeugnis von Louises Verbrechen ab. Während sein Verbrechen unsichtbar bleibt, ist die (Mit-) Täterschaft beider Frauen offenkundig.[228]

Der *Silver Bullet*-Besuch, der die erste entscheidende Wende des Films auslöst, bestätigt einerseits die dem Road Movie-Genre zugeschriebene Konvention, demzufolge ein Aufenthalt in Innenräumen immer eine Bedrohung für die Reisenden/Flüchtenden darstellt. Andererseits hat die Betrachtung der Raum-Gender-Organisation dieser Episode gezeigt, dass durch die Überschreitung der Raum-Genderkonventionen des Genres die zugrunde liegende Dichotomie derselben deutlich und zugleich die Macht dieser *divided spheres* wirksam wird.

3.2.5 Der Aufenthalt im Innenraum
Auf die Bedeutung des nächsten Aufenthalts in einem Innenraum – *Vagabond Motel* – wurde schon hingewiesen. Dass dieser unmittelbar mit den der räumlichen Zuschreibung einhergehenden ‚weiblichen' Eigenschaften zusammenhängt und sich insofern auch eindeutig in dem Bezugsrahmen häusliche Weiblichkeit/außer-häusliche Männlichkeit bewegt, wird durch folgenden Umstand vorgeführt:

Während Eigenschaften wie Stillstand, Passivität und Ängstlichkeit schon durch den Aufbruchwillen und das mutige Vorgehen gegen Harlan Puckett widerlegt werden, konstruiert der Film vor allem das Moment der finanziellen Abhängigkeit bei beiden Frauen. "Like countless fictional women, Thelma and

---

[228] Vgl. J. Boozer (1995: 194): „The issue of visibility and credibility in this text may be seen at work in the relative levels of social empowerment and action assigned to each character. Harlan's attempted rape of Thelma goes unseen by the authorities but Louise's shooting does not, just as J.D.'s theft is largely invisible while Thelma reaches the visibility level of a public event."

Louise can't hold onto their cash (...)",[229] und sie verfügen auch nicht – im Gegensatz zu den männlichen Figuren, so behauptet der Film – über eine Kreditkarte.[230] Abgesehen von vermeintlich ‚weiblichen' Besitztümern, von denen ihre Packorgie und Kofferberge zeugen, hat Thelma nicht mehr als 60 Dollar Bargeld in ihrem Portemonnaie; der Verlust von 20 Dollar, die der Fahrtwind ihr aus der Hand entreißt, demonstriert die Naivität und Sorglosigkeit, die das Stereotyp der in abhängiger Unmündigkeit lebenden Hausfrau komplettieren. Louise, als Berufstätige eigentlich finanziell unabhängig, hat zwar Lebensersparnisse, die zunächst für beide Frauen ausreichen würden, aber keinen Zugang dazu und kontaktiert aus diesem Grund Jimmy.

Die Kombination von diesen beiden unterschiedlichen Formen der Abhängigkeit führt zu den Vorkommnissen im *Vagabond Motel* und der nächsten entscheidenden Wende für den Fortgang der Handlung. Denn Jimmy besitzt nun das Wissen um ihren Aufenthaltsort, nutzt es aus, kommt persönlich nach Oklahoma City – da er laut Louise wie jeder andere Mann gerne auf Jagd geht – und verrät es, entgegen seinem Versprechen, anschließend an die Ermittler weiter. Außerdem wird nur durch die zuvor deutlich gezeigte Sorglosigkeit Thelmas bezüglich ihres eigenen Bargeldbesitzes plausibel, warum sie J.D., obwohl er sich ihr als räubernder Outlaw offenbart hat, so verantwortungslos mit dem Geld alleine im Zimmer zurücklässt und damit ihre Zukunft aufs Spiel setzt. Der Vorsprung, den die Heldinnen durch ihr Inkognito im Außenraum erlangt hatten, ist zunichte gemacht durch die notwendig gewordene Preisgabe des Aufenthaltsorts; durch dieses Wissen auf der Seite der Verfolger können sie auf ihrer Flucht wieder geortet, eingeholt und dadurch an- und ergreifbar werden.

3.2.6 Die männlichen Mitstreiter

Auf den ersten Blick scheint es, als karikiere der Film die männlichen Figuren fast ausnahmslos als lächerliche Stereotypen: „Men are signposts along this freaky female trip – the good, the bad and the ugly, each suggesting a different heterosexual possibilty, a potential refuge or threat."[231] Ein genaues Hinsehen offenbart jedoch, dass sie nichtsdestotrotz durchgängig mit ihrer jeweiligen Tätigkeit entsprechend der Raum-Gender-Dichotomie im

---

[229]Dowell, Pat. 1991. „The Impotence of Women." *Cineaste* 18: 4, 29; vgl. Griggers, Cathy. 1993. „*Thelma & Louise* and the Cultural Generation of the New Butch-Femme." In: Collins/Collins/Radner, 1993, 138 „Savings Account."
[230]Slocumb entnimmt seinem Portemonnaie eine Karte im Kreditkartenformat, um die Tür zu Louises Wohnung zu öffnen. Jimmy lässt die Übernachtung im *Vagabond Motel* von seiner Kreditkarte abbuchen.
[231]M. Dargis (1991: 17); vgl. C. Griggers (1993: 137f): „a spectrum of negative stereotypes of men"; vgl. R. Schickel (1991: 54): „The Rogues Gallery". Gerade diese teilweise ins Lächerliche gezogene Darstellung stieß auf Empörung bei (männlichem) Publikum und Kritik, z.B. sei der Film „degrading to men, with pathetic stereotypes of testosterone-crazed behavior" (Richard Johnson, New York *Daily News*, zit. nach R. Schickel (1991: 52).

Außenraum verwurzelt sind. Der ihnen zugeschriebene Raum und ihre Befugnisse darin bleiben unangetastet.
Darryl, der täglich das Vorort-Haus für seine Arbeit als Manager eines Teppichhandels verlässt, vervollständigt als typisches Gegenstück zur Vorort-Hausfrau das „System der *suburbs*",[232] das auch als spätes Echo von Schillers *Lied von der Glocke* lesbar ist: „Der Mann muss hinaus/Ins feindliche Leben,/Muss wirken und streben/(...) Und drinnen waltet/Die züchtige Hausfrau,/(...)".[233] Jimmy, ein tingelnder Musiker, zeichnet sich durch Unterwegssein und Abwesenheit aus,[234] ebenso wie alle anderen männlichen Figuren – der Truckfahrer, der State Trooper, der Rastafarian-Fahrradfahrer – selbstverständlich in Bewegung, on the road erscheinen; selbst Harlan Puckett befindet sich immer auf der Jagd außerhalb von Ehe und Heim.
Mit seiner Erfahrung als Vagabund und Outlaw, der sich geschickt im Außenraum bewegt, erleidet J.D. bei der Überschreitung der Türschwelle in Richtung Innenraum keine Sanktionen, sondern er verschafft sich auch dort spielerisch Vorteile. Als positiv in Szene gesetzter Eroberer von Thelmas sexuellem Intimraum und durch den Raub des Geldes – Synonym für das Erreichen des Fluchtraums –, das heißt: als Sieger auf ganzer Linie ist er der Inbegriff des Mottos „fun & freedom", das dadurch eindeutig auf der Seite männlicher Raumüberlegenheit angesiedelt wird.
All diese sind jedoch „only harmless caricatures of male power to distract the audience from the much more central role of the real man in the film – the paternalistic male cop (...)."[235] In dieser Funktion hält sich Hal Slocumb einerseits vielfach in Innenräumen auf, befindet sich aber andererseits mühelos in ständiger Bewegung zwischen diesen Räumen. Unter Betrachtung der Raumzuweisung seiner Figur erscheint sein Wohlwollen den Heldinnen gegenüber, das ihn vordergründig als sympathische Figur charakterisiert, zweischneidig, denn als Hüter des Gesetzes verkörpert er die (väterlich-göttlich anmutende) Allmacht über den öffentlichen Raum in seiner Gesamtheit. Er muss, und sei es noch so verständnisvoll, gegen Überschreitungen vorgehen.

Die Überschreitung der Raum-Genderkonventionen des Road Movie-Genres durch die Heldinnen wird in *Thelma & Louise* sichtbar und immer wieder betont vor allem durch die Inbesitznahme ursprünglich männlichen Figuren zugeschriebener Machtsymbole: „Within many Hollywood action narratives, access to technologies such as cars and guns (traditional symbols of power) represents a means of empowerment. These technologies are also intimately

---

[232]M. d'Eramo (1996: 136; Hervorhebung des Autors).
[233]F. Schiller (1992: 59).
[234]Er wird als abwesend eingeführt: Louise ruft ihn kurz vor Abreise an und erreicht nur den Anrufbeantworter.
[235]Grundmann, Roy. 1991. „Hollywood Sets the Terms of the Debate." *Cineaste* 18: 4, 36.

bound up with images of the masculine"[236] und Raum-Images des Road Movie-, Western- und Outlaw-Raums. Diese Übernahme von Machtsymbolen, die zugleich den Eintritt in neue Räume bedeutet, wird positiv bewertet: „Drawing on a long history of representations of male self-sufficiency, the film traces the women's increasing ability to ‚handle themselves', a tracing that follows their ability to handle a gun."[237] Allerdings bringt die Konzentration auf diese „Errungenschaften" auch einen Stillstand in der kritischen Betrachtung mit sich, anstatt darüber hinaus in der Narration existierende Macht-Mechanismen oder neue, andere technologische Symbole der Macht zu erforschen. So wird von Seiten der Filmkritik die Untersuchung der Kommunikations- und Waffentechnologie in *Thelma & Louise* vernachlässigt, die die Sicherung und Verteilung von Informationen und vor allem die Macht über den Außenraum ermöglicht. Diese befinden sich nach wie vor in den Händen des männlich besetzten Verfolgerstabs.

Es stechen mehrere technologische Verfahren hervor: Die Identifizierung von Louises Identität gelingt Slocumb, indem er als erstes in einer Computerdatei alle Besitzer eines grünen T-Birds 66 selektiert. Das Videoband der Überwachung des Ladenraums beseitigt den letzten Zweifel an Thelmas Identität und wird in diesem Zusammenhang als Synonym für die männliche Raumkontrolle im übertragenen Sinne gewertet, da es sich plötzlich im Besitz der Ermittler in Arkansas befindet, obwohl der Überfall irgendwo in Oklahoma stattfand:

> As if the film is unable or unwilling to depict autonomous female action, it can only show Thelma's robbery once removed, that is, by way of the video footage shot by a surveillance camera. As if it wanted to flaunt itself as the perfect example of what feminist film criticism has analyzed as the all-controlling power of the male gaze, we only get to watch the robbery along with the male cops and the FBI on the video monitor.[238]

Daneben entpuppt sich besonders deutlich das Telefon als räumliche Falle für die Heldinnen, weil dessen technische Überwachung schließlich die Ermittlung ihres letzten Standorts ermöglicht. Obwohl Louise die Überwachung vermutet, telefoniert sie zweimal sehr lange mit Slocumb. Sie erliegt damit der Täuschung durch das Telefon, das zwar, ähnlich wie das Auto, eine Verkürzung und Verknüpfung von privatem und öffentlichem Raum bewerkstelligt, aber auch die Illusion der sicheren Distanz und unergründbaren Ortlosigkeit vermittelt.

Der Einsatz des Hubschraubers, der zum Schluss plötzlich vor Thelma und Louise am Abgrund auftaucht, demonstriert durch die Lufthoheit einerseits die perfektionierte Beherrschung des Bodens, auf dem ihre Fahrt vollends

---

[236] Y. Tasker (1993: 139); vgl. ebd. (1993: 26): „Within Hollywood's symbolic system possession of a gun is a potent symbol of power, partly drawing from an American context in which the freedom to bear arms is constructed as a right of the citizen."
[237] Y. Tasker (1993: 139).
[238] R. Grundmann (1991: 36); vgl. A. Putnam (1993: 299).

lächerlich wirkt, und bejaht andererseits die Erkenntnis, die die Konvention der Ausweglosigkeit des Road Movie-Genres prägte: In Konkurrenz mit der technischen Umsetzung des „Go Up" hat das „Go West" keinen Raum zur Verwirklichung mehr.[239] Slocumbs Raum-(All)Macht gipfelt in der Überschreitung des persönlichen Erinnerungsraums von Louise, die auch nur – ohne erzählt zu werden – durch technologische Hilfe über das Abfragen polizeilicher Datenarchive gelingen konnte. Er, der den technischen Machtapparat zum Er- und Begreifen der Heldinnen in Bewegung setzt, „is the one who, while trying to rescue them, hunts them down"[240], „systematically closing off the lines of flight."[241] Er und seine Truppe beherrschen nach und nach nicht nur den geographischen, gesetzlichen und persönlichen Raum, sondern auch den mythischen Raum: Louises T-Bird aus den Sechzigern und Thelmas Revolver sind Relikte aus der Vergangenheit und in Verbindung mit den Raumverhältnissen des Westerns und frühen Road Movies anderen Verfolgungs- und Verteidigungsmethoden verhaftet, die sich, um ein Entkommen zu gewährleisten, als vollkommen unzureichend erweisen. Angesichts der technologischen Ausstattung der Verfolger erscheinen Autofahrt und Waffeneinsatz der Heldinnen nur noch als verspätete Überschreitung und endliche Errungenschaft.

3.2.7 Die Momente der Vermittlung
Parallel zu dem Freiraum, den Thelma und Louise auf ihrer Fahrt durch Monument Valley erleben, kurz bevor sich die umfassende Kontrollmacht über den Raum auf das fatale Ende hin zuspitzt, wirft diese Untersuchung nun noch einmal einen Blick auf das, was die Überschreitung der Raum-Genderkonventionen des Road Movie-Genres in positiver Hinsicht leistet. Auf die mögliche Interpretation des Waffenumgangs der Heldinnen als Handlung, die einen Prozess der Befreiung aus der Schutzbedürftigkeit und der Stärkung des Selbstbewusstseins symbolisiert, wurde schon hingewiesen und die Initiation desselben als abhängig von bestimmten räumlichen Umständen herausgearbeitet. Interessant an dieser Stelle ist das Potenzial des Autofahrens als Raum-er-fahrung, „(f)or, finally, this is a story about women and cars."[242]
Der freibewegliche Raum des Autos, der Privatraum und öffentlichen Raum vereint, stellt dennoch weder Heim noch Heimatland dar und entschärft insofern die Dichotomie von Innen und Außen als unverrückbare Konstruktionen. Hier lernen die Heldinnen voneinander, wachsen aneinander und experimentieren mit den Raum- und Genderkonventionen. Das wird besonders deutlich hinsichtlich ihres veränderten äußeren Erscheinungs-

---
[239] Vgl. 2.2.1, S. 26f.
[240] R. Grundmann (1991: 36).
[241] C. Griggers (1993: 137).
[242] S. Willis (1993: 125).

bildes, denn nicht nur rauchen und trinken sie während der Fahrt, sondern tauschen auch die typisch ‚weibliche' Maskerade in Form von Kleidung, Schmuck und Make-up nach und nach gegen Objekte ein, die den Western- und Outlaw-Raum vertreten. Während sich die strenge Geschlossenheit von Louises Kleidung immer mehr lockert, wandelt sich die Offenheit von Thelmas ‚Weibchen-Look' in Richtung einer Verwahrung ihres Körpers durch geschlossenere Kleidung; sie trägt beispielsweise zum Schluss Louises Trachtenjacke. Deutlich wird der Raum-bezogene Objekt-Tausch auch anhand der Kopfbedeckung: Das Kopftuch, mit dem Louise zu Beginn der Fahrt ihre Haare bändigt, symbolisiert auch den heimischen, stark begrenzten Lebensraum der Ausgangssituation. Der Cowboyhut, unter dem das Haar offen flattern kann, steht dagegen eindeutig für die Offenheit des wilden Western-Raums. Durch den äußeren Wandel wird die Konstruktion der jeweiligen Zuschreibungen in ihrer räumlichen Abhängigkeit bestätigt und entlarvt zugleich:

> Not restricted to strict codes of femininity or masculinity, these dustcovered and sunburnt *mamettes* are crossbreeds. (...) On a diminishing frontier of cultural identity where gender is a survival response to an environment both hostile and still potentially expansive, Thelma und Louise, as bodies of signs, are hybrids, incomplete interminglings, and open contradictions.[243]

Die intensive Durchdringung von privatem und öffentlichem Raum während der Fahrt zeigt das Auto auf besonders gelungene Weise, denn der T-Bird ist ein Cabriolet: Der Fahrtwind trägt den Außenraum direkt in das offene Haar der Heldinnen und zeigt sich in den Spiegeln, und gleichzeitig befinden sie sich im Raum des Wagens, in dem sie ganz privat, sicher und unter sich sein und sprechen können.[244] „In the absence of men, on the road Thelma und Louise create a paradigm of female friendship, produced out of their willful refusal of the male world and its laws."[245]
Die Fahrt selbst wird für die Heldinnen zu einem Erlebnis, das die männlichen Road Movie-Helden nicht mehr als solches wahrgenommen und empfunden haben und das vielleicht seit *Easy Rider* nicht mehr solchermaßen visuell

---

[243] C. Griggers (1993: 139f); vgl. S. Willis (1993: 126f): „This dramatic transformation cannot be read, however, as a revelation of the ‚natural' body underneath the feminine masquerade of the housewife or service worker. (...) These revised embodiments of femininity stress the body's constructed character as costume (...)."
[244] Das offene Haar steht in ganz konkretem Sinn für Freiheit im Außenraum, wie folgende Bemerkung Thelmas im *Silver Bullet* deutlich macht: „You said you'n'me was gonna get out of town and for once just really let our hair down. Well darlin', look out cause my hair is comin' down!" (11. Min.) Auch Louise, zu Beginn der Reise noch mit strenger Hochsteckfrisur der Kellnerin, trägt ihr Haar später offen.
Zur Bedeutung des Autos als Privatraum auch Folgendes: Selbst die Kamera zieht sich zurück, als Thelma Louise bezüglich der Vorkommnisse in Texas befragt, und drückt mit ihrem Verbleib hinter der Windschutzscheibe die schützende Funktion des Wagens aus.
[245] M. Dargis (1991: 18).

zelebriert wurde.[246] Thelmas Ausspruch „I feel awake, wide awake." (103. Min.) lässt sich in dieser Hinsicht als Anbindung sowohl an die geistigen Vorfahren des Road Movie-Genres, an die reisenden Buddies aus *On the Road*, als auch an das Raum-stiftende Western-Genre denken: „Several passages (in *On the Road*; A.S.) express Sal and Dean's spiritual and sensual awakenings in terms of retrieving a mythical cowboy identity."[247]
Weil Thelma die Grenze des statischen Heims überschritten und den Eintritt in die dynamische Bewegung durch den Außenraum gewagt hat, kann sie feststellen, dass alles anders aussieht.[248] „Things look different because she is looking from another perspective, having moved out of one kind of space and into another."[249]
Sobald dagegen Auto und Straße verlassen werden, sobald wieder die Konfrontation mit der zugrunde liegenden Dichotomie von Innenraum und Außenraum einsetzt und eine räumliche Trennung der Heldinnen voneinander erfolgt – zum Beispiel bei den Zwischenstopps im Roadhouse und Motel, aber auch beim Überfall und bei der Polizeikontrolle – oder der Außenraum sogar in den privaten Raum des Autos eindringt – zum Beispiel in Form des Anhalters J.D. –, ist Gefahr in Verzug. Erst dadurch werden die Dichotomie und die gewagte Überschreitung der Raum-Gender-Grenzen sichtbar und fordern die entsprechenden Reaktionen heraus, bis schließlich der Showdown der Verfolgung einsetzt.

3.2.8 Der Schluss
Die Bewegung vom Innenraum durch den Außenraum wird zunächst noch als Befreiung und Errungenschaft von den Heldinnen erlebt und vom Publikum nachempfunden: „More impressive is the gradual shift (...) in landscape from the traditionally female claustrophobic clutter of the early spaces the women inhabit, the kitchen and diner, to the vast expanse of the open deserts and canyons which allow them to breathe and act naturally and freely (...) later."[250]
Auf den ersten Blick verlängert ihre Fahrt in den Abgrund diesen Eindruck: Anstatt den Aufschlag und das Zerschellen des T-Birds und somit den Selbstmord seiner Insassinnen in letzter Konsequenz zu zeigen, friert die Weißblende das Auto in einer Seitenansicht irgendwo zwischen Himmel und Erde ein und suggeriert so eine Vision des ewig fortsetzbaren freien Flugs. Diese Transformation des Absturzes in eine Vision verschleiert, was dieser

---

[246]Vgl. T. Corrigan (1992: 154); vgl. A. Taubin (1991).
[247]D. Laderman (1996: 42).
[248]Thelma: „Everything looks different." (103. Min.).
[249]K. Westerlund-Shands (1993: 119f); vgl. K. Murphy (1991: 29): "This rite of passage, her loss of virginity, binds her to the road, to Louise; no longer a vulnerable blur open to anyone's occupation, Thelma now owns and defines the space she moves in." Vgl. J. Boozer (1995: 192): „She (Thelma; A.S.) also learns to embrace movement and action and choice as viable alternatives to her initial masochistic passivity."
[250]Rapping, Elayne. 1991. „Feminism Gets the Hollywood Treatment." *Cineaste* 18: 4, 31; vgl. A. Putnam (1993: 293f): „Open space permits action, and discovery of voice."

Akt eigentlich bedeutet: Das Versprechen, das die ‚wide open spaces' anbieten, ist eine Illusion; der Tod von Thelma und Louise steht für den Verlust jeglichen Raums. Während die Weite der Western-Landschaft den Traum der freien Bewegung noch schürt, kündigt die Narration konsequent die Einschränkung des Raums und die Hinführung zum Abgrund an; Stationen der Zuspitzung bilden der Verrat des Fluchtraums Mexiko, die Ankunft im „Nowhere"[251] und die Durchdringung des Erinnerungsraums. Die nächtliche Fahrt durch die Natur, die hoffnungsvoll und befreiend anmutet, wird komplementär ergänzt durch den Song *The Ballad of Lucy Jordan* von Marianne Faithfull, der den unerfüllten Traum einer Vorort-Hausfrau von einer Fahrt im offenen Sportwagen durch Paris und, in seiner Fortsetzung, ihren desillusionierten Freitod-Sprung vom Hausdach schildert.[252]

Am Ende, umzingelt von einer polizeilichen Übermacht, ausgerüstet mit modernster Waffentechnologie, bleibt keine Möglichkeit der Umkehr und Rückführung in den Ausgangs-Raum mehr; Thelma und Louise haben die Wahl, sich zu stellen und damit in den Innenraum des wortwörtlichen Gefängnisses gebannt zu werden oder noch ein letztes Mal von den angeeigneten Schusswaffenkenntnissen Gebrauch zu machen und selbst dabei erschossen zu werden. „The structure of real choice for Thelma und Louise is neither/nor: neither to shoot nor to be shot; neither to give up on desire nor to become the cause of desire. (...) Thelma und Louise respond to the choice of „shoot or be shot" by neither shooting nor being shot."[253] Stattdessen folgen sie Thelmas Parole: „Let's not get caught. Let's keep going! Go!" (119. Min.)[254] Mit der Fortsetzung der Fahrt zeigt sich, dass letztendlich das Auto als Raum und die Fahrt als Raum-er-fahrung Bestand haben, dass aber die Straße weder Zukunftsraum, noch Raum für ihren Tod bietet. Die Behauptung: „It is the road itself, regardless of destination, which is curative"[255] trifft für Thelma und Louise nicht zu, und zu Recht fragt Annette Insdorf: „If death is your only choice, how free are you?"[256]

---

[251] Vgl. die Szenenbeschreibung oben, S. 55. Melissa Etheridge hat 1995 auf dem Album *Your Little Secret* das Lied *Nowhere to Go* herausgebracht und im Musikvideo, in dem zwei Frauen mit dem Auto bis zu einem Abgrund fahren, visuell eindeutig Bezug auf *Thelma & Louise* genommen; Liedtext siehe Anhang 4, S. 91.
[252] Vollständiger Liedtext siehe Anhang 5, S. 92; vgl. S. Roberts (1997: 66).
[253] Metzger, David. 1991. „Rhetoric and Death in Thelma and Louise: Notes Toward a Logic of the Fantastic." *Journal of the Fantastic in the Arts* 4:4, 10; vgl. J. Boozer (1995: 192): „Their choice in the end to grasp hands and kiss, to drive over the cliff rather than to face the further violation of bullets or prison, is hardly a proud warrior code of death by arms (as in *Butch Cassidy and the Sundance Kid*)."
[254] Vgl. D. Metzger (1991: 16): „Thelma and Louise made their choice; they decided to keep going, not to stop."
[255] Henderson, Brian. 1991-92. „Narrative Organization." *Film Quarterly* 45: 2, Winter, 27.
[256] Zit. nach R. Schickel (1991: 56).

3.2.9 Die Genre-Zugehörigkeit II

Mit dem Potenzial der Überschreitung, das *Thelma & Louise* von Beginn an prägt, stellt der Film die Natürlichkeit der Raum-Genderkonventionen des Road Movie-Genres in Frage und bezeugt: „the genre's persistent vitality as a form for exploring and reconfiguring the parameters of rebellion and social critique."[257]
Mit dem spezifischen Schluss des Selbstmords der Heldinnen betont jedoch die Narration auch die Gültigkeit der ursprünglich ausgemachten Konventionen des Genres. Zwar entspricht der Tod der Heldenfiguren im Road Movie durchaus den Konventionen des Genres; da es sich aber um Heldinnen handelt, funktioniert ihr Tod anders. Anstatt den üblichen Heldentod im Kugelhagel zu sterben, katapultieren sich Thelma und Louise mit ihrer Fahrt in den Abgrund nicht nur von der Straße, sondern auch aus dem Genre. Kann der Tod der Helden im letzten Kampf als Strafe der Narration für die Rebellion gegen die gesellschaftlichen Konventionen der Sesshaftigkeit und Gesetzesmacht gewertet werden, so besteht die Strafe der Narration in diesem Fall in der Einsicht der Heldinnen, als solche auf der Straße, und das heißt: in dem Genre fehl am Platze zu sein. Ihre Selbstmordfahrt stellt insofern eine Strafe für die Überschreitung der Raum-Genderkonventionen des Genres dar.
Es sind, wie gezeigt wurde, die männliche Allmacht über den Außenraum und die Raumkonventionen des Road Movie-Genres allgemein, vor allem im Rückbezug auf die Raumkonventionen des Western-Genres, die sich allmählich zuspitzen und schließlich dieses Ende notwendig machen. „Scott's cinematic portraits of the highway that stretches through Monument Valley to the desert's horizon is already representative of a Western genre artifact, which can only trap this contemporary female duo in the illusion of flight."[258]
Der Effekt, den das Durchqueren von „Ford's Country"[259] hat, ist „in *Thelma & Louise* (...) not the creation of a special world, but a sense of being walled in by expectations and walled in by fate."[260] Das Schicksal der weiblichen Figuren im Western-Raum und dessen Genderkonventionen ist es, in den zivilisierten Innenraum verwiesen zu werden. „The landscape reprises America's history as well as its mythic cinematic representations of the West. And it is in the spirit of both that the women bear the warning of a failing experiment in freedom."[261] Nachdem Thelma und Louise die Grenzen des heimischen Innenraums und die damit einhergehenden Genderkonventionen überschritten haben, erweist sich, dass kein alternativer Lebensraum im Außenraum für die Heldinnen bereitsteht.

---

[257] D. Laderman (1996: 55).
[258] J. Boozer (1995: 190).
[259] T. Jeier (1987: 55).
[260] L. Braudy (1991-92: 28).
[261] J. Boozer (1995: 195).

In dieser Hinsicht lässt sich schließlich die Aussage von Callie Khouri verstehen: „I put them outside – outside everything (...)."[262] Entgegen dem vermeintlich rebellischen Potenzial der Überschreitung bestehender Raum-Gender-Genrekonventionen bestätigt der Film so auch die Raum-Gender-Formel der Berber: „Die Frau hat nur zwei Wohnbereiche: das Haus und das Grab."[263]

3.3 Searching For One's Proper Place – *Leaving Normal*

Als der Film *Leaving Normal* genau ein Jahr nach *Thelma & Louise* im April 1992 in den USA im Kino anläuft, ist die Resonanz der Kritik gering. Erwartungsgemäß dient der immer noch sehr präsente Frauen-Buddy-Road Movie des Vorjahres bei vielen Kritikern als Maßstab der Beurteilung:

> Can you identify this movie? Two oppressed women take to the road, leaving their male-dominated lives behind them. Weathering a series of truck drivers, roadhouse lechers and other men, they head for that elusive Holy Grail: self-discovery. No, it's not „Thelma & Louise". It's „Leaving Normal", a Universal Pictures product that parallels last year's popular buddy flick in every aspect. Well, almost every aspect. „Thelma" was a good movie.[264]

Wie eine Antwort klingt Richard J. Rausers Kritik: „A non-violent *Thelma & Louise* rip-off, you say? A sappy film? Wrong, wrong, wrong. The movie is brilliant."[265] In der Hauptsache ironisch fällt Hal Hinsons Kommentar aus, und er führt den filmindustriellen Faktor ins Feld der Argumentation gegen den Film, was niemanden bei der Fülle von männlich besetzten Buddy-Road Movies stört: „A movie about two women on the road trying to find themselves makes money, and what is Hollywood's response? More movies about two women on the road trying to find themselves."[266]
Tatsächlich haben die beiden Filme bis auf die schnell zusammengefasste Ausgangssituation wenig gemein: „Two women fed up with their lives hop into

---

[262]Callie Khouri zit. nach A. Bahiana (1991: 36); vgl. D. Metzger (1991: 17).
[263]Zit. nach D. Spain (1997: 33).
[264]Howe, Desson. Rez. 1992. „Leaving Normal." The Washington Post http://www.washingtonpost.com/wp-srv/style/longterm/movies/videos/ leavingnormalhowe_a0aec6.htm, 01. Mai. Vgl. Ebert, der sich ebenso negativ und ebenso ungenau bezüglich der Definition von ‚gut' äußert: „I've made a heroic effort to consider *Leaving Normal* on its own, but I cannot rid my mind of *Thelma & Louise*. It is not the fault of *Leaving Normal* that it resembles a better film released less than a year earlier, but (...) the echo of the earlier, better film sounds in almost every scene." Ebert, Roger. Rez. 1992. „Leaving Normal." Chicago Sun-Times http://www.suntimes.com/ebert/ebert_reviews/ 1992/04/753759.html, 29. April.
[265]Rauser, Richard John. Rez. 1992. „Leaving Normal (1992)." http://uk.imdb.com/ Reviews/14/1408.
[266]Hinson, Hal. Rez. 1992. „Leaving Normal." The Washington Post http://www.washingtonpost.com/wp-srv/style/longterm/movies/videos/ leavingnormalhinson_a0a769.htm, 29. April.

a convertible and motor down the highway."²⁶⁷ Generell belegt auch *Leaving Normal* die fundamentale Bedeutung der Kategorie Raum, sodass die hier formulierte These zum Zusammenhang von Genre, Raum und Gender nochmals überprüft werden kann. Die Kategorie Raum erscheint auch insofern zentral, als es vor allem die Raumorganisation ist, die den großen Unterschied zwischen *Leaving Normal* und *Thelma & Louise* ausmacht. Die folgende Analyse versucht deshalb, die bisher nicht beachtete Innen- und Außenraum-Struktur von *Leaving Normal* im Vergleich mit *Thelma & Louise* zu erfassen.

3.3.1 Die Genre-Zugehörigkeit I
Vorab soll auch bei *Leaving Normal* sichergestellt werden, dass der Film Züge des Road Movie-Genres aufweist. Wieder steht eine Reise im Mittelpunkt der Narration: Durch Zufall aufeinander gestoßen, nimmt Darly, eine lebensgewandte Barbedienung, die junge Marianne nach Alaska mit, die gerade aus ihrer zweiten Ehe geflohen ist. Nachdem Marianne es auch bei ihrer Schwester nicht aushält, setzen Marianne und Darly die Fahrt gemeinsam fort. Unterwegs überwinden sie einige Hindernisse und bewähren sich in erlebnisreichen Nebenepisoden, bis sie schließlich bei Darlys geerbtem Grundstück ankommen. Der Umstand, dass dort, entgegen der Erwartung, kein Haus steht, stellt die frische Freundschaft der Frauen auf eine harte Probe, bis sie schließlich gemeinsam das Haus bauen und sich dort niederlassen.

Die grundlegenden Elemente des Road Movies werden Genre-gerecht bedient. Die Straße spielt als Möglichkeitsraum eine große Rolle und wird auch visuell eindrücklich zelebriert. Auf die Vielfalt der Wege, die in ein anderes Leben führen können, weist der wiederholte Einsatz von Straßenkarten und Landkarten hin, auf denen die Heldinnen verschiedene Routen nachvollziehen. *Leaving Normal* präsentiert eine Fülle von Fortbewegungsmitteln, angefangen bei Mariannes Greyhound-Busfahrt zu Beginn des Films und Darlys GTO Cabriolet. Ein Zwischenfall macht sie zu Anhalterinnen, sodass sie ihre Fahrt mit weiteren Genre-typischen Fahrzeugen fortsetzen, wie beispielsweise mit einem Truck und einem alten Trailer. Natürlich säumen auch die Straßen dieser Reise Motels, Roadhouses und ihre entsprechende personelle Ausstattung. Als eindeutige Zitate der Tradition des Road Movie-Genres können sowohl der Spitzname der Kellnerin, „66", der wieder auf die *Route 66* verweist, als auch die Lektüre von *The Grapes of Wrath* des Truckfahrers geltend gemacht werden.

Obwohl Marianne und Darly im Gegensatz zu Thelma und Louise keine Verbrechen verüben,²⁶⁸ lässt sich *Leaving Normal* auch dem Subgenre der Flucht-Road Movies zuordnen, da sich die beiden Heldinnen auf der Flucht

---

²⁶⁷Cohn, Lawrence. Rez. 1992. „Leaving Normal." *Variety* 20. April, 45.
²⁶⁸Cohn, Lawrence. Rez. 1992. „Leaving Normal." *Variety* 20. April, 45: „Their picaresque adventures differ from the Susan Sarandon-Geena Davis team, with no crime and little violence."

vor ihrer eigenen Vergangenheit befinden und einen neuen Lebensraum suchen. Es entfällt dadurch zwar das Moment der konkreten Verfolgung durch Personen, aber Alaska zählt, nach dem Verlust des Westens, zu den neuen Fluchtziel-Klassikern des Genres. Die Bewegungsrichtung der Heldinnen impliziert den Alternativ-Slogan „Go North" und die Ankunft in der letzten ‚wahren' Wildnis von Amerika, sodass auch in diesem Road Movie der nationale Raum-Mythos präsent ist.[269]

Die Betrachtung der groben Struktur von *Leaving Normal* lässt sich folgendermaßen skizzieren: Zwar führt die Reise zunächst weg vom Innenraum hin zum Außenraum, aber dieser wird von den Heldinnen durchquert. Die Reise endet schließlich erneut in einem Innenraum, da Marianne und Darly sich zuletzt der Konstruktion eines Hauses widmen.

3.3.2 Die Narration

Auch bei *Leaving Normal* handelt es sich also um eine Geschichte der Heldinnen im Raum, aber die Gewichtung, die Such- und Zielrichtung, ist grundsätzlich verschieden von *Thelma & Louise*, denn während sich die Heldinnen des letzteren Films vom heimischen Innenraum abwenden und den Versuch der Aneignung des Außenraums unternehmen, prägt nun die Hinwendung zum Innenraum und der Versuch der Etablierung eines Verständnisses von ‚home' als zivilisiertem Heim den Film.[270]

Da Marianne und Darly ohne Verfolger unterwegs sind, gibt es auch nur eine Narrationsebene, die ihrer Reise. Allerdings entpuppen sich manche Enthüllungen aus der Vergangenheit, die bei beiden mit bestimmten ‚home'-Raum-Erfahrungen und daraus resultierenden Traumata zusammenhängen, als Verfolgungsmomente in der Narration, die jedoch – bis auf eine Ausnahme zu Beginn – nicht visuell in Rückblenden, sondern verbal erzählt werden.

Noch bevor der Filmtitel und der weitere Vorspann erscheinen, charakterisiert eine Szene, die in ihrer Art einmalig im Film bleibt, die familiäre Vorgeschichte Mariannes. Mit einer Überblendung zweier Aufnahmen von Marianne, die einmal als Kind und dann als junge Erwachsene aus einem fahrenden Bus in die Nacht blickt, gelingt der Schnitt in die aktuelle Filmhandlung.

---

[269]Vgl. 2.2.1, S. 26f. Interessanterweise wird in derselben Zeit, als das „Go West" durch den Mondflug zu einem „Go Up" umgewandelt wird, nicht nur Mexiko offiziell als Reiseziel beworben, sondern es erscheint auch ein Artikel über Alaska im *National Geographic*; vgl. T. Abercrombie (1969).

[270]Da der 1995 erscheinende Film *Boys on the Side* in der Raumorganisation große Ähnlichkeiten zu *Leaving Normal* aufweist, wird auf ihn nicht mit einer zusätzlichen Analyse eingegangen, sondern im Folgenden in den Fußnoten verwiesen. Die Schwierigkeit des Films besteht darin, dass er unzählige Randfaktoren zu vereinen bemüht ist: „these women are running with a whole gamut of issues: murder, flagging careers, infection with AIDS, lesbianism, motherhood and marriage." (Mills, Katie. 1997. „Revitalizing the Road Genre. *The Living End* as an AIDS Road Film." In: Cohan/Hark (Hg.), 1997, 324).

Deren eigentlicher Ausgangspunkt ist der Ort mit dem sprechenden Namen Normal, den, wie der Titel besagt, beide Frauen verlassen. Marianne, gerade erst angereist, läuft, nachdem ihr frischvermählter Ehemann Kurt sie schon kurz nach ihrer Ankunft schlägt, aus der Häusersiedlung am Rande des Ortes davon. Darly bedient zum letzten Mal in der Kneipe *Last Call*[271], bevor sie noch in derselben Nacht nach Alaska zu ihrem geerbten Grundstück aufbrechen will. Vor ihrer bisherigen Wirkungsstätte trifft sie auf die einsame Marianne, nimmt sie aus Mitleid mit und fährt einen Umweg, um Marianne bei ihrer Schwester in Portland abzusetzen.

Bei ihrem Stopp für eine Übernachtung im Motel zeichnet Marianne auf einer Landkarte ihre verschiedenen Aufenthaltsorte seit der Trennung von ihrem ersten Mann nach und deutet das beständige Unterwegs- und Auf-der-Fluchtsein seit ihrer Kindheit als ihr Raum-Trauma an. Sie sagt unter Tränen: „I can't believe I'm here again, here, moving around, travelling – I mean how long am I supposed to keep going?" Auf Darlys witzig-hilflose Antwort hin „I don't know – til you get there, I guess," stellt Marianne die entscheidende Gegenfrage: „Get there – get where?" (19. Min.)[272]

Die erste wichtige Wende erfährt die Handlung durch den Aufenthalt im Eigenheim bei der Musterfamilie von Emily in Portland. Hier wird Marianne mit einem von Schwester und Schwager vollständig durchdachten Arbeits- und Finanzplan konfrontiert, der Marianne die Chance geben soll, ihr Leben in den Griff zu bekommen.

Im Bad und im gemeinsamen Schlafzimmer wieder alleine mit der mittlerweile schon zur Vertrauten gewordenen Darly, verleiht Marianne ihren ambivalenten Gefühlen gegenüber der Lebensform ihrer Schwester Ausdruck, schwankend zwischen Ablehnung und Neid. Darly fragt: „Why? Because they have got what: money, love, a lot of friends, careers, a beautiful home –" „Yes, that's why." (24. Min.) Mariannes weitere Schilderungen unterstreichen ihre Sehnsucht, die sich auf ein ‚home' im Sinne von Heim, Sesshaftigkeit und Gebundenheit an einen Ort richtet, und dennoch kann sie auch hier nicht bleiben. Mit ihrer Frage kurz vor dem Einschlafen: „Darly, is Alaska nice?" besiegelt sie die Fortsetzung ihrer gemeinsamen Fahrt, und die Heldinnen flüchten am Morgen aus dem Haus.

Der qualmende Kühler zwingt sie zu einem Stopp auf der Landstraße, und als sie von ihrem Anhaltertrip zwecks Reparatur in den nächsten Ort zurückkehren, finden sie ihr Fahrzeug vollkommen geplündert und zerstört vor. Dennoch reisen sie weiter, und zwar als Anhalterinnen in einem Truck.

---

[271] Auch die beiden Bars, in denen Darly arbeitet, haben sprechende Namen: Die Bar, die sie verlässt, heißt *Last Call*; die Bar, in der sie in Alaska wieder zu arbeiten beginnt und in der sie mit ihrer Vergangenheit konfrontiert wird, heißt *Eternity Bar*.

[272] Eine ähnliche Szene ereignet sich in *Boys on the Side*, als Robin, schon schwerkrank, verzweifelt sagt: „I don't know where to go, I don't have any place to go." Janes Rat: „Sometimes, if you don't have any place to go it's probably a good idea to stay where you are." (40. Min.) wird in die Tat umgesetzt, und ab diesem Moment wird die neu gegründete alternative Familie, zusammen mit Holly, sesshaft.

Der nächste reguläre Halt mit den beiden Truckfahrern in dem Roadhouse *Dave's* bringt eine erneute Wende der Fahrt, denn hier stoßen sie auf die überdrehte Kellnerin 66, die sie bedient. Während Marianne und der jüngere Begleitfahrer Harrison einander als Seelenverwandte der Empfindsamkeit entdecken, schlagen Darly und der derbe Leon den gleichen, mit Anzüglichkeiten gespickten Tonfall an, und sie stellt ihm gegen Vorabbezahlung eine schöne Nacht in Aussicht. Beide Frauen türmen, nachdem Darly Mariannes Bedenken ausgeräumt hat, durch das Toilettenfenster.

Auf dem Parkplatz flüchten sie sich vor den nachkommenden Männern in ein Auto, das sich kurz darauf als das von 66 herausstellt, die wegen der Zechenprellerei ihrer Gäste im Handumdrehen ihren Job verloren hat. Marianne und Darly bedauern ihre Mitschuld, aber 66 nimmt das Ereignis als Zeichen für ihren eignen Aufbruch auf der Suche nach der wahren Liebe. Sie lädt die beiden für die Nacht in ihren Trailer ein und nimmt ihnen am nächsten Tag die Entscheidung ab, wie ihre Reise fortzusetzen sei, indem die Fahrzeugbesitzerin sich als Dritte im Bunde dazugesellt.

Als nächster bedeutender Einschnitt entpuppt sich der Halt an dem als *locus amoenus* angelegten Campingrastplatz im Grünen an einem See in Kanada, denn dort trifft 66 den ersehnten Mr. Right.[273] Der lange Tanz, zu dem er sie auffordert, mündet in der sofortigen Verlobung, und 66 überlässt Marianne und Darly zum Abschied ihr Auto mit dem Trailer.

Bei einem nächtlichen Gespräch am Lagerfeuer über ihre jeweilige Vergangenheit gibt Darly schließlich preis, weshalb sie als Kellnerin in allen Variationen ständig den Ort und Arbeitsplatz wechselt: Sie hat vor achtzehn Jahren ihre Tochter zwei Tage nach der Geburt in eben jenem Ort verlassen, zu dem sie jetzt unterwegs sind.

Vor dem Hintergrund beeindruckender Landschaft fantasieren Marianne und Darly kurz vor der Ankunft am Zielort *Palmer Valley* über das Aussehen des Hauses. Um so größer ist Darlys Enttäuschung, als sie entdecken, dass Exmann Joe das Haus nie gebaut hat; das Land ist ein Stück unzivilisierter Wildnis. Darlys Traum von der Rückkehr zu einem eigenen Ort, einer Art Heim, ist in dieser Sekunde ebenso geplatzt wie die Hoffnung, ein Lebenszeichen ihrer Tochter vorzufinden.

War bisher Darly diejenige, die Marianne unterstützt und geführt hat, so kämpft nun Marianne gegen Darlys fatalistische Einstellung an. Nachdem eine erste Nachfrage nach der Tochter im Krankenhaus fehlschlägt und Darly sofort wieder aufbrechen will, zeigt Marianne Stärke und leistet Widerstand. Mit dem Argument, Geld für die Weiterfahrt verdienen zu müssen, und der sofortigen erfolgreichen Suche nach einem Job im Ort überredet sie Darly, vorerst zu bleiben. Mit zwei Eskimojungen, die bisher auf dem verwaisten Grundstück gehaust haben, etablieren die Frauen eine Art Übergangsheim im Trailer.

---

[273] An dieser Stelle wird die Wahl der Landschaft im Dienste der Narration, die Künstlichkeit des natürlichen, schönen Ortes besonders deutlich.

Während Marianne sich heimisch zu fühlen und mit Hilfe der Jungen das Haus zu bauen beginnt, ist Darly zunehmend von erneuten Aufbruch- und Fluchtgedanken erfüllt. Auch an ihrem neuen Arbeitsplatz in der *Eternity Bar* holt sie ihre Vergangenheit als ehemalige Striptänzerin und Prostituierte ein, und man entlässt sie prompt, als sie sich schlagkräftig gegen den Stammkunden Walt wehrt, der sie wiedererkennt und zudringlich wird. Die Krisensituation spitzt sich durch die Entdeckung zu, dass Marianne das bisher gesparte Geld für Instandsetzungsarbeiten ausgegeben hat: Darly verhöhnt Mariannes Entscheidung, aus dem Nichts etwas aufbauen zu wollen. Während Marianne den Eindruck hat, der Ort habe sie gewählt, tut Darly, was sie am besten kann: fliehen.

Harrison, mit dem Marianne mittlerweile über Umwege Briefkontakt aufgenommen hat, kommt in diesem Moment vollkommen ungelegen. Obwohl zwischen ihnen der Funke des Verliebtseins überspringt, lehnt Marianne seine Einladung, ihn im Truck zu begleiten, ab und bleibt.

Währenddessen meldet sich Darly bei Walt und geht auf sein 500-Dollar-Angebot ein. Im Zuge seiner plumpen Annäherung entpuppt sich eine Bemerkung über Joe und seine Tochter als schreckliches Missverständnis, da er nicht über Darlys Kind, sondern über dessen Tochter aus zweiter Ehe spricht. Das hat Darlys Zusammenbruch zur Folge. Walt lässt von ihr ab, und seine Frage, ob sie einen Ort, ein Zuhause habe, wo sie jetzt hingehen könne, öffnet ihr die Augen. Sie kehrt zu Marianne und den Jungen zurück, und gemeinsam leben sie als ‚alternative' Familie in ihrem selbst erbauten Heim.

3.3.3 Die Heldinnen als Buddies

Leaving Normal operiert mit der Genre-üblichen Buddy-Konstellation in der Heldenposition und bricht mit der Besetzung durch Heldinnen zugleich die Konvention. Diese Umbesetzung ist in der Nachfolge von *Thelma & Louise* aber keine Neuheit im Sinne einer erstmaligen Überschreitung mehr. Gerade deshalb muss untersucht werden, was sie in diesem Film leistet, welches Ziel sie verfolgt, an welchem Punkt hier das Moment der Überschreitung der Raum-konventionen stattfindet. Inwiefern üben auch hier die Raumkonventionen des Genres ihren Einfluss auf die Genderkonventionen aus, vor allem in Hinsicht auf den Schluss, der die Heldinnen einem heimischen Innenraum zuführt?

Die Ausgangssituation von Marianne und Darly weist zunächst eine starke Parallele zu der von Thelma und Louise auf, da sie die Heldinnen in den gleichen, der geschlechtsspezifischen Zuteilung entsprechenden Räumen ansiedelt, nämlich Darly als Bedienung und Marianne in einer heimischen Küche. Aber die eindeutige Zugehörigkeit der Heldinnen zum Innenraum, die Grenze zwischen Innen und Außen, zwischen Einschränkung und Bewegung sind in *Leaving Normal* diffus.

Marianne, vor ihrer Platzierung in der Küche als Reisende vorgestellt, ist kein *angel of the home*, die noch nie ohne Ehemann die Stadt verlassen hat. Darly, die in der Bar *Last Call* ausschließlich Drinks serviert und nicht mit Küchen-

arbeit in Verbindung gebracht wird,[274] befindet sich im Aufbruch nicht etwa zu einem Ausflug, sondern zu dem neuen Lebensraum Alaska.
Eine Nachspeise wird zum Gradmesser für Hausfrauentätigkeit und deren Beherrschung: Während Marianne Kurts Aufforderung, Flan zuzubereiten, aus mangelnder Rezeptkenntnis nicht entsprechen und sich auch Darly nichts Essbares darunter vorstellen kann, kredenzt Emily, die perfekte Hausfrau, ausgerechnet Flan als Nachtisch. Die Dose Flan inklusive Dosenöffner, die Darly bei ihrer endgültigen Rückkehr als Geschenk mitbringt, ist das ironische Eingeständnis des eigenen „Unvermögens" und zugleich die Annäherung an ein häusliches Leben, das eine eigene Küche mit einschließt.[275]
Entsprechend der Diffusität der Raumzuschreibungen gestaltet sich auch die finanzielle Situation der Heldinnen anders als in *Thelma & Louise*. Nicht nur finanzielle Unabhängigkeit, sondern sogar Landbesitz charakterisiert Darly. Allerdings kann ihr die Narration diese finanzielle Unabhängigkeit nur zugestehen, indem sie sie als unmoralische Frau im öffentlichen Raum und somit der gängigen Konstruktion entsprechend konzipiert: Neben dem Job als Bedienung verdingt sich Darly auch als Striptänzerin und Prostituierte. Mariannes Situation unterscheidet sich davon, insofern sie in sieben Jahren an sieben verschiedenen Orten weder gearbeitet noch Geld verdient hat. Der Arbeits- und Finanzplan ihrer Schwester deutet an, dass sie auch bisher von Hilfen abhängig war. Jedoch emanzipiert sie sich im Laufe der Reise und kann seit der erfolgreichen Arbeitssuche in Alaska für sich selbst sorgen.

3.3.4 Die Überschreitung
Die Ermittlung der Überschreitung in *Leaving Normal* gestaltet sich schwieriger als in *Thelma & Louise*, denn sie ist nicht in einer initiierenden Schlüsselszene zu lokalisieren. Stattdessen offenbaren sich verschiedene Formen und Stufen der Überschreitung von Raum-Genderkonventionen erst in der Übersicht der Konzeption der weiblichen Charaktere, die die Narration durch verbale Vergangenheitsenthüllungen der Heldinnen schrittweise ermöglicht. Während Louise über ihren Trauma-Raum Texas schweigt, gewinnt in *Leaving Normal* das Reden über den Trauma-Raum Bedeutung.
Natürlich präsentiert *Leaving Normal* zunächst zwei vordergründig Raumüberschreitende Ereignisse, die Marianne und Darly aufeinander treffen lassen und die gemeinsame Reise auslösen. Nach der Erfahrung von innerhäuslicher Gewaltausübung durch ihren Ehemann ist Mariannes Flucht die notwendige Überschreitung der Tür- und Eheschwelle, während Darlys Aufbruch zu ihrem eigenen Besitz als Selbstverständlichkeit erscheint. Unter

---
[274] Den Unterschied zwischen Diner- und Barbedienung unterstreicht auch die Kleidung. Darly trägt (im Gegensatz zu Louise) kein strenges, geschlossenes Kellnerinkostüm mit Häubchen, sondern ein freizügiges schwarzes Minikleid.
[275] Ein weiteres Motiv, das auf die Mitgift-Ausstattung der Haus- und Ehefrau anspielt, stellt die Sammlung von vier Tassen dar, die den Heldinnen während ihrer Reise an verschiedenen Stationen in die Hände fallen und zum Schluss das traditionelle Hochzeitsservice des heterosexuellen Paars ersetzen.

dieser aktuellen Bewegung von Heim und Arbeitsplatz in den Außenraum verbirgt sich allerdings bei beiden Frauenfiguren eine lebenslange Wanderschaft und damit verbundene Ortlosigkeit, die mit scheinbarer Untauglichkeit für Heim, Ehe und Familie gekoppelt ist.[276] Mariannes Trauma verfahrener Familienverhältnisse und des Unterwegsseins liegt von Beginn an offen. In der den Vorspann begleitenden Szene äußert sich deutlich die Sehnsucht der Schwestern nach einem dauerhaften Heim und einer normalen Familiensituation, sowohl verbal in Emilys Protest „I don't want to go somewhere else, I want to stop some place" (1. Min.), als auch in Mariannes Kinderzeichnung eines Hauses mit vier Personen. Der Aufenthalt von Marianne und Darly in Portland demonstriert den Kontrast zwischen den erwachsenen Schwestern: Während sich Marianne nach mehreren gescheiterten Versuchen von Partnerschaft und Lebensaufgabe weiterhin auf der Suche unterwegs nach ihrem Ort befindet, ist Emily diejenige, die den Traum von Ehe, Kindern, Heim und Sesshaftigkeit in die Realität umgesetzt hat. In der Konfrontation mit dieser Perfektion ruft Marianne Darly gegenüber noch einmal die Erinnerung an das als Kind entworfene Ideal wach: „When I was little, we moved around so much. I never really felt like I had a home. We always used to dream that this was the way it was gonna be: a home, a husband sleeping next to me, kids down in the hall, lots of kids (...), a family. I figured this was the way it was always gonna be." (26. Min.)[277]
Zugleich erkennt sie, dass sie diesem Traum nicht entspricht, und verabschiedet sich davon. Mit Darly reist sie nach Alaska zu einem Ort, von dem sie sich keine Vorstellung macht, an den sie keine ideale Erwartung stellt und der sie deshalb überzeugen kann.[278] Ihre Absage an Harrisons Angebot, ihn in seinem Truck zu begleiten, bedeutet nicht nur die vorläufige Ablehnung einer weiteren (heterosexuellen) Partnerschaft, sondern bekräftigt auch ihre Entscheidung gegen das Unterwegssein und für den neu gewonnenen, heimischen Raum. Hierin liegt Mariannes Moment der Überschreitung.
Das Motiv für Darlys Unterwegssein ist nicht so offenkundig wie das von Marianne und wird erst durch das wachsende Vertrauen zwischen den beiden Frauen im Laufe der Reise für Darly verbalisierbar. Vorgestellt wird sie als welterfahrene, schlagfertige Frau, die für sich selbst sorgen kann. Den Besitz eines eigenen Autos, das für ihre Beweglichkeit und Unabhängigkeit steht,

---

[276] Marianne wird in Kritiken als „waif", das heißt als „obdachlos"/„heimatlos" bezeichnet. Als Indiz für die Vielfältigkeit möglicher Lebensräume und -entwürfe kann die Briefaktion Harrisons geltend gemacht werden, der 310 Briefe an 310 Marianne Johnsons in Wyoming verschickt, um die eine ihm bekannte zu kontaktieren.
[277] Auch in *Boys on the Side* äußert Robin Jane gegenüber ihren Traum einer Familie: „It's not very liberated, I know: I want a husband with a decent job, and I want two kids, a boy and a girl, in that order and a house with white banisters and a convertible den." (13. Min.) Erst später stellt sich für Jane und für das Publikum heraus, dass ihr Traum aufgrund ihrer AIDS-Erkrankung nie in Erfüllung gehen kann. Vgl. S. Roberts (1997: 65).
[278] Auf Nuqaqs Frage „How come you like it here?" antwortet Marianne: „I don't know. I guess I didn't expect anything." (80. Min.) Darly bekennt sie: „This chose me." (85. Min.)

ergänzt der an sie zurückfallende Besitz ihres Landes nach dem Tod ihres Exmanns. Ihr Aufbruch dorthin wirkt selbstverständlich, vor allem da sie in Normal neben einer Affäre offensichtlich keine weiteren Bindungen hat. Aber Souveränität und Ironie kaschieren als Schutzmantel eine Tat der Überschreitung, die schon lange zurückliegt und seither Darlys Leben in Form des Unterwegsseins geprägt hat. Dies offenbart sich bei dem Spiel zwischen Marianne und Darly, welche von beiden der schlechtere Mensch sei, als Darly in siegessicherem Tonfall gesteht, ihre Tochter vor achtzehn Jahren zwei Tage nach der Geburt verlassen zu haben. „Next thing I know is: I'm on the road." (57. Min.) Mit der Konzeption einer weiblichen Figur, die sich auf der Flucht vor der Verantwortung als Mutter befindet, führt die Narration eine besonders schwerwiegende Form der Überschreitung der Raum-Genderkonventionen vor: Gerade die Figur der Mutter ist es, die mit dem heimischen Innenraum und Sesshaftigkeit assoziiert wird und den Inbegriff der wesensspezifischen Weiblichkeit darstellt.

Im Gegensatz zu Mariannes Unbeschwertheit gegenüber dem Raum Alaska entpuppt sich Darlys Reise als späte Rückkehr zu dem Ursprungsort ihrer Flucht. Ihr Aufenthalt dort bedeutet eine schrittweise Konfrontation mit ihrer Schuld als ‚Rabenmutter' sowie mit dem endgültigen Verlust der Tochter selbst und ihrer Hoffnung: „I knew she wouldn't be here. I knew she could be anywhere in the whole goddamned world but here." (62. Min.) Darlys langsames Einlassen auf das Bleiben und die neue Lebensgemeinschaft mit Marianne und den Eskimojungen kann in doppelter Hinsicht als Überschreitung in die umgekehrte Richtung gelesen werden: weg von der Fluchtbewegung auf der Straße durch den Außenraum über die Türschwelle hinein in den ruhenden Innenraum des Heims, das jedoch nicht das Heim eines heterosexuellen Paars, sondern das einer ‚alternativen' Familie ist. Dabei findet eine Verschiebung statt: Darly übernimmt in dieser Konstellation die Vaterrolle. Angedeutet wird dieser Vorgang schon, als Darly zum ersten Mal von ihrer neuen Arbeitsstelle zum Trailer zurückkommt und mit gespieltem Vaterton die Wartenden begrüßt: „Hey Honey, I'm home, hey kids, how was school today?" (72. Min.) Nach ihrer endgültigen Rückkehr zu Marianne mit den Eskimojungen und ihrem gemeinsamen Heim ist sie in der Schlussszene diejenige, die in der klassischen Vaterposition das Tischgebet spricht.

Das binäre Raumschema von Innenraum und Außenraum liegt *Leaving Normal* zwar zugrunde, aber die Zuschreibung der Heldinnen zu dem ihrem Geschlecht entsprechenden Raum ist von Verunsicherung geprägt. Nicht der unspektakuläre Beginn der aktuellen Reise, sondern die Konzeption dieser Heldinnen als Frauen in Bewegung stellt das Moment der Überschreitung dar und verschärft die Provokation, denn: „Homelessness for women challenges every assumption about a woman's place (...).”[279]

---

[279] L. McDowell (1999: 90).

Es handelt sich bei Marianne und Darly zwar um „two women (who) hit the road in an attempt to escape their pasts,"[280] aber die Flucht vor der aktuellen Vergangenheit wandelt sich mehr und mehr in eine Auseinandersetzung mit dem ihr Leben grundsätzlich bestimmenden Unterwegssein. Das Projekt Alaska steht somit für beide Heldinnen auf unterschiedliche Weise für die Konfrontation mit dem eigenen Unvermögen der Sesshaftigkeit, Ortsverbundenheit und Beheimatung.

So betrachtet, kann eine Variante der bisher angenommenen Überschreitung ausgemacht werden, denn hier funktioniert sie in entgegengesetzter Richtung: Es geht bei Marianne und Darly darum, aus dem Stadium des Unterwegsseins herauszutreten und den Wunsch nach Sesshaftigkeit zuzulassen, dabei jedoch nicht der Norm heterosexueller Partnerschaft und damit zusammenhängender Mutterschaft entsprechen zu müssen, sondern eine eigene Vorstellung von Heim zu entwickeln und aufzubauen. *Leaving Normal* zeigt eine Inversion der Raumkonventionen des Road Movies hinsichtlich der Bewegungsrichtung, die der offizielle Beginn kaschiert, da die Heldinnen zunächst aus einem Innenraum aufbrechen. Die eigentliche Bewegung erfolgt vom Außenraum zurück zum Innenraum; die Überschreitung, die die Heldinnen in diesem Film leisten, ist die Überschreitung der Türschwelle von der Straße in das Heim.

Mit der Vielfalt an Überschreitungsmomenten – die Vorstellung der weiblichen Figuren als Reisende, die Umkehrung der Abfolge der Road Movie-Räume von Außen nach Innen und die Etablierung eines neuen Familienmodells –, leistet *Leaving Normal* einen bemerkenswerten Beitrag dazu, die binäre Konstruktion der Raum-Genderkonventionen des Road Movie-Genres und zugleich mögliche Zwischenformen und Aufweichungen dieser Dichotomie sichtbar zu machen.

3.3.5 Der Aufenthalt im Innenraum – Die männlichen Mitstreiter – Die Momente der Vermittlung

Genre-üblich erlangen Aufenthalte der Heldinnen in Innenräumen während ihrer Reise Bedeutung; sie haben jedoch nicht ausschließlich einschränkende, sondern im Gegenteil, auch befreiende Wirkung darauf, wie sie ihre Reise fortsetzen und beenden. Auch hier erfolgt eine Zuspitzung des Raums, aber im Sinne eines Gewinns.

So symbolisiert die Flucht von Marianne aus dem eigenen Heim und aus dem ihrer Schwester die stufenweise Ablehnung der gesellschaftlichen Norm in Form von Ehe und perfektioniertem Familienglück. Maßgeblich für die endgültige Entwicklung der Reise ist jedoch der Stopp im Roadhouse *Dave's*: Hat der Roadhouse-Stopp in *Thelma & Louise* die Reise der Heldinnen entscheidend verändert, nämlich den Ausflug in eine Flucht verwandelt, so stellt auch in *Leaving Normal* der Roadhouse-Aufenthalt die Wende in der Konnotation der Reise dar, allerdings auf vollkommen andere Weise.

---

[280] R. Ebert (1992: http://www.suntimes.com/ebert/ebert_reviews/1992/04/753759.html).

Die Ankunft bei *Dave's* erfolgt im Truck, und gemeinsam mit den Fahrern setzen sich Marianne und Darly zum Essen an einen Tisch. Dabei festigt sich die schon in der Enge der Fahrerkabine des Trucks angedeutete Paarbildung Marianne/Harrison und Darly/Leon. Während zwischen erstgenanntem Paar eine emotionale Zuneigung keimt, einigt sich letztgenanntes auf einen Deal sexueller Vergnügung, der sich jedoch als wohlkalkulierter Plan Darlys zur akuten Geldbeschaffungsmaßnahme entpuppt und die beiden Heldinnen zur Flucht durch das Toilettenfenster veranlasst.

Diese Art aktiver Nutzung des öffentlichen Schauplatzes durch die weiblichen Figuren steht in deutlichem Gegensatz zur *Silver Bullet*-Episode in *Thelma & Louise*; sie ist nur durch die ebenso konträre Konzeption der Heldin selbst zu erklären. Die Narration behauptet, dass eine Frau wie Darly, der mit der Erfahrung im öffentlichen Raum als ehemalige Barbedienung sowieso der Ruf der Unmoral und nicht der einer unbedarften Haus- und Ehefrau anhaftet, die Spielregeln dieser Arena kennt und sie zu ihren Gunsten anwenden kann. Sie macht sich ihre Rolle der unmoralischen Frau bewusst zunutze und gewinnt dadurch die Oberhand über die männlichen Figuren, die sich auf die Unanfechtbarkeit ihrer Position verlassen und verlieren. Diese Szene zeigt, dass die Heldin auf den Raum wirkt und nicht umgekehrt der Raum und die implizierten traditionellen Verhaltensmuster auf sie.

Die negative Auswirkung, die Darlys Tat, wenn nicht auf die Heldinnen selbst, so doch auf die weibliche Nebenfigur hat, erweist sich jedoch bald als positive Wende. Dieser Vorgang bestätigt, dass, „(...) when the protagonists stop temporarily in a given location or community, one is often unable to separate the ways in which this foreign element catalyzes changes in that space from the ways the space activates or encourages changes in the journey and its agents."[281] Nur weil Kellnerin 66 in Folge der Zechprellerei der Truckfahrer ihren Job verliert und die drei im Auto der Kellnerin aufeinander treffen, kommt es zur gemeinsamen Weiterreise. Der Trailer, zunächst Wohnraum für alle drei Frauen und – nach 66's Absprung in die ad-hoc-Ehe mit Spicy Jones – ausschließlicher Reise-Lebensraum für Marianne und Darly, etabliert sich als unabhängiger Frauen-Raum. Er löst somit den männlich-dominierten Raum der Fahrerkabine des Trucks ab. Die zweite Begegnung von Marianne und Harrison unterstreicht diese Trennung noch einmal: Weder betritt Harrison den Trailer, auf dessen Türschwelle Marianne wie die Hüterin der Grenze dieses Raums sitzt, noch steigt Marianne mit in den Truck ein; sie bewegen sich zwischen den Fahrzeugen, die beide Fortbewegungs- und Lebensraum in einem darstellen und zugleich mit getrennten geschlechtsspezifischen Konnotationen aufgeladen sind.

Noch extremer als in *Thelma & Louise* werden in *Leaving Normal* die wenigen männlichen Figuren marginalisiert, „who seem almost equally confused and alienated"[282] wie die weiblichen Figuren. Da die Narration keine Verfolgung

---

[281] S. Willis (1997: 303): Sie bezieht sich u.a. auf *Boys on the Side*.
[282] J. Boozer (1995: 196, Anm. 10).

durch das Gesetz aufweist, bleibt auch der Einsatz jeglicher Technologie über den der Fahrzeuge hinaus und die Demonstration möglicher Raummacht durch männliche Verfolger aus.[283] Der Wechsel und die Abfolge der Fahrzeuge, mit denen Marianne und Darly reisen, unterstützt die Hinführung der Heldinnen zu ihrem endgültigen Zielort, dem neuen Heim in Alaska. So wie der GTO anfangs Darlys Unabhängigkeit vorführt, belegen Breakdown und Plünderung des Fahrzeugs die Instabilität dieser Unabhängigkeit, die Unsicherheit des Unterwegsseins eines weiblichen Buddy-Paars. Die vermeintlich neu gewonnene Sicherheit bei der Weiterfahrt im Truck mit seiner männlichen Fahrerbesetzung stellt sich jedoch als erneute Enge und Abhängigkeit dar, aus der es sich ebenfalls zu befreien gilt. Erst mit dem Trailer kündigt sich eine Entwicklung zur Beständigkeit hin an: Zunächst nur zur Mitfahrt eingeladen, erhalten Marianne und Darly den Trailer wider Erwarten zum Geschenk. Er dient ihnen nach der Ankunft in Alaska in der Anfangszeit als Übergangsheim und wird schließlich in das neu gebaute Haus integriert. Auf diese Weise symbolisiert er sowohl die allmähliche Hinführung zum Heim als auch die Möglichkeit, wieder aufzubrechen. Der Trailer stellt insofern ein Vermittlungsmoment zwischen dem Außenraum und dem Innenraum, zwischen dem Leben auf der Straße und dem Leben im eigenen Heim, zwischen Transition und Tradition dar. Der Einsatz dieses Fahrzeugs im Road Movie offenbart, hinterfragt und betont zugleich die zugrunde liegenden Raumkonventionen des Genres.[284]

3.3.6 Der Schluss
Obwohl die Bewegung in *Leaving Normal* weg vom Innenraum zu Beginn wie eine Geste der Befreiung wirkt, stellt sich im Laufe der Reisehandlung heraus, dass, im Gegensatz zu *Thelma & Louise*, die Bewegung durch den Außenraum keine grundsätzliche Befreiung oder Errungenschaft bedeutet, sondern für beide Heldinnen hochgradig problematisch ist: Sie empfinden das Unterwegssein als Fluch.
Der Schluss von *Leaving Normal* entwickelt sich aus diesem Verständnis und ist gleichzusetzen mit dem Rückgewinn des heimischen Innenraums als Lebensraum. Das letzte Bild, eine Totale des neuen Hauses, in dem Marianne und Darly mit den Eskimojungen zu Tisch sitzen, vor dem Hintergrund der wilden Landschaft Alaskas, schließt somit die Klammer, die das erste Bild des Films geöffnet hat. Wird mit Mariannes Kinderzeichnung eines Hauses mit vier Personen zu Beginn die Erwartung auf ein klassisches *happy ending* geschürt, so entpuppt sich das tatsächliche Ende als eine Alternative dazu. Diese verfügt über die gleichen Grundkomponenten – zwei erwachsene und

---
[283] Die Suchaktion Harrisons nach Marianne unterstreicht geradezu die Negation von Technologie: Das Verschicken von 310 Briefen bedeutet einen Rückgriff auf sehr konventionelle, um nicht zu sagen altmodische Fahndungsmethoden.
[284] Vgl. S. Aitken/C. Lukinbeal (1997: 349f): zur Bedeutung des Busses in *The Adventures of Priscilla, Queen of the Desert*. Vgl. auch S. Cohan (1997: 136ff): zu dem Film *The Long, Long Trailer* (USA 1954). Vgl. die Werbung für *Airstream Travel Trailers*, Anhang 6, S. 93.

zwei jugendliche Menschen –, beinhaltet jedoch nicht notwendigerweise das Konzept heterosexueller Paar- und Familienbildung. Obwohl dieses Road Movie seine Heldinnen also in einen heimischen Innenraum zurückführt, wird die damit üblicherweise zusammenhängende Heterosexualität, und zwar mit Hinblick sowohl auf die romantische Liebe (Marianne/Harrison) als auch auf die sexuelle Verfügbarkeit und Käuflichkeit des weiblichen Körpers (Darly/Walt) zumindest für den Schlussmoment ausgeschlossen. Die Kategorien Raum und Gender werden somit auf subtile Weise neu kombiniert, indem sie weder mit einer klar destruktiven Geste noch mit einem klassischen Wiederherstellungsszenario verbunden werden.

Überdies wird eine mögliche homosexuelle Beziehung der beiden Frauen zwar nicht ausgespielt, aber angedeutet. Schon Mariannes Bekenntnis an Darly vor deren letzter Fluchtaktion ist als eine Art „Liebeserklärung" interpretierbar: „There's someone here who cares about you, who wouldn't even be here if it wasn't for you –" (88. Min.) Noch deutlicher ist die Szene von Darlys endgültiger Rückkehr. Nachdem die lange Umarmung der beiden Frauen bei den Jungen kichernde Irritation auslöst, droht Darly ihnen: „If you guys keep staring we're gonna start kissing in a second." (101. Min.) Auch wenn dieser Kuss, im Gegensatz zu Thelma und Louise, die sich tatsächlich vor ihrer Fahrt in den Abgrund küssen, nicht ausgeführt und durch die nachfolgenden Kommentare des Ekels von Seiten der Jungen relativiert wird,[285] behält er unter Berücksichtigung der ausbleibenden Sanktionierung der Heldinnen zum Schluss eine weitaus stärkere Präsenz und Berechtigung als in *Thelma & Louise*.[286]

Griggers Interpretation von *Thelma & Louise*, die den Kuss „as the authorizing signs to read the film's narrative as a lesbian love story, a coming out story, a depiction of gender-role difficulties in woman-woman relations (...)"[287] ansieht, erscheint hinsichtlich der Zukunftslosigkeit dieser Liebesgeschichte übertrieben. Sie lässt sich aber auf *Leaving Normal* mit Blick auf den Schluss durchaus anwenden.[288]

Erst die Betrachtung des Filmendes ermöglicht das vollständige Verständnis des Filmtitels. *Leaving Normal* heißt insofern, dass nicht nur der Ort namens Normal, sondern vor allem das, wofür der Ortsname steht, verlassen wird:

---

[285]Vgl. C. Griggers (1993: 133): „The kiss between women is a complex regulated occurrence in popular representation where it is appearing more and more frequently, and where various narrative strategems work to contain or at least deflect its dangerous surplus of expenditure and value."

[286]Auch in *Boys on the Side* bildet sich eine alternative Familie, bestehend aus der AIDS-kranken Robin, der schwangeren Mörderin Holly und der afroamerikanischen Jane: „*Boys on the Side* offers the dream of an expansive multicultural family woven around permeable boundaries open to permanent exchange (...)." S. Willis (1997: 302); vgl. auch S. Roberts (1997: 64ff). Die Konzeption von Jane als Lesbe macht, im Gegensatz zu *Thelma & Louise* und *Leaving Normal*, Homosexualität ganz explizit zum Thema des Films.

[287]C. Griggers (1993: 134).

[288]Vgl. C. Griggers (1993: 132): „In the semiotics of lesbian eroticism, the kiss is usually how everything starts (...)."

Normal als Symbol für das Normale, die gesellschaftliche Norm, das heterosexuelle Glück und die daraus resultierende Familie. Der letzte Satz des Films, den Darly zum Abschluss des Tischgebets an eine undefinierte Gottheit spricht, lautet: „Help us to keep going, somehow." (144. Min.) Obwohl er wie das Echo von Thelmas ebenfalls letzter verbaler Aufforderung klingt, hat er in diesem Kontext eine ganz andere, weitaus zukunftsträchtigere Bedeutung: Es gilt, nicht in Richtung Abgrund weiterzufahren, sondern weiterzumachen im Sinne einer fortgesetzten Überschreitung bestehender Grenzen der Raum-Genderkonventionen und einer Etablierung möglicher Alternativen.

3.3.7 Die Genre-Zugehörigkeit II

Die Allgegenwart und Vielschichtigkeit von Überschreitungsmomenten in *Leaving Normal* bedeutet eine Erschütterung der traditionellen Raum-Genderkonventionen und provoziert abschließend die Frage, wie es um die Einordnung des Films in das Road Movie-Genre bestellt ist, und das heißt: in welchem Bezug der Schluss zu den Konventionen des Genres steht. Denn vom Ende her betrachtet, liegt das Potenzial der Überschreitung nicht in der Verortung der weiblichen Figuren im Außenraum, sondern die Überschreitung der Raum-Genderkonventionen funktioniert nach Innen: Die Heldinnen werden als Buddy-Paar gemeinsam einem Heim zugeführt.

Hinson, der *Leaving Normal* als schlechte Variation von *Thelma & Louise* und vor allem das *happy ending* kritisiert, bedauert: „Now, if only there were a cliff they could drive over."[289] Ihm entgeht, dass die Narration ihre Heldinnen mit der Gründung einer alternativen Familie tatsächlich den Sprung über eine gesellschaftliche Klippe im übertragenen Sinn vollführen lässt.

Der Sprung gelingt jedoch nur, indem dieses Road Movie konsequent Elemente aus einem anderen Narrationsmodus in die Handlung einstreut, sodass sich die Reise mehr und mehr zu einer Fahrt ins Märchenland wandelt.[290] Schon die mehrfache Referenz auf den Sternenhimmel (beginnend mit Mariannes Kinderzeichnung) und ähnliche Himmelserscheinungen wie Feuerwerk (bei der Rast in Kanada) und Wetterleuchten (in Alaska) kündigt das Wunderbare an.

Der Eintritt in das Märchenhafte bündelt sich aber vor allem, kurz nachdem Marianne und Darly aus dem Heim von Emily geflüchtet und damit die Grenzen des Normalen endgültig überschritten sind. Bei einem kleinen Stopp am Straßenrand stehen Marianne und Darly bei der Wahl der Fahrtroute nach Alaska drei Wege offen, und sie treffen die Entscheidung nicht aufgrund Zeit-

---

[289] H. Hinson (1992: http://www.washingtonpost.com/.../leavingnormalrhinson_a0a769.htm).
[290] Dieses Verfahren findet auch in *Boys on the Side* Anwendung, vgl. dazu S. Willis (1997: 287ff). Sie betont vor allem dass der alternative Lebensentwurf geographisch nicht eindeutig verortet wird: „These happy fantasies of harmony must exist in no specific place. Magical displacement turns into a non-situatedness in which the margin cheerfully discovers itself to be embedded in the dominant." Ebd. (1997: 289).

oder Benzin-ökonomischer Maßstäbe, sondern durch Losverfahren: Marianne zieht eine von drei unterschiedlich langen Zigaretten. Dieses Prinzip, das über ihr Schicksal walten soll, kommt Märchen-gerecht genau dreimal zum Einsatz; beim zweiten Mal durch die Ausscheidungen eines vorüber fliegenden Vogels, die die Route auf der Landkarte markieren, und zum dritten Mal durch die Hüpfbewegung eines Frosches, den 66 auf die Karte setzt und der sie zu ihrem Froschkönig in Gestalt von Spicy Jones führt.
Unmittelbar nach der ersten Wegentscheidung durch das Los, die von einem Regenguss begleitet war, zeigt die Kameraeinstellung in einer aufziehenden Totalen, wie der GTO vor dem Hintergrund schneebedeckter Gipfel eine kurvige Straße durch waldige Berglandschaft entlangfährt, über die sich ein Regenbogen spannt. Und obwohl es nicht musikalisch erklingt, stellt das Motiv des Regenbogens sofort den Bezug zu dem Lied *Somewhere Over the Rainbow* her, und die beschriebene Szene wirkt wie die visuelle Umsetzung der ersten Strophe:

> When all the world is a hopeless jumble
> and the raindrops tumble all around
> heaven opens a magic lane.
> When all the clouds darken up the skyway
> there's a rainbow highway to be found
> leading from your window pane
> to a place behind the sun
> just a step beyond the rain.[291]

Dieses Lied ist, wie Salman Rushdie sagt, „a celebration of Escape, a grand paean to the Uprooted Self, a hymn – *the* hymn – to Elsewhere".[292] Es etabliert indirekt auch die Verbindung zu dem Märchen-Musicalfilm *The Wizard of Oz*, der „paradigmatically enacts the road movie's contradiction between the desire for home and away."[293]
Rückblickend ergänzt so der Regenbogen das Wiegenlied, das Marianne während des Zeichnens zu Beginn des Films summt. Die Fantasie des Busses, der in den Sternenhimmel abhebt, wird von ihrer Prophezeiung begleitet: „Everything's gonna work out fine, I know it is." (1. Min.) Auch diese Szene erscheint wie die Illustration des Liedes *Somewhere Over the Rainbow*:

---

[291] *Somewhere Over the Rainbow*. 1939. Text: E.Y. Harburg. Musik: Harold Arlen; Liedtext vollständig siehe Anhang 7, S. 94.
[292] Rushdie, Salman. 1992. *The Wizard of Oz*. London: British Film Institute; Hervorhebung des Autors; zit. nach Robertson, Pamela. 1997. „Home and Away. Friends of Dorothy on the road in Oz." In: Cohan/Hark (Hg.), 1997, 272; die Autorin beschäftigt sich mit dem Zusammenhang von *The Wizard of Oz* und *The Adventures of Priscilla, Queen of the Desert*.
[293] P. Robertson (1997: 271).

Somewhere over the rainbow way up high
there's a land that I heard of once in a lullaby.
Somewhere over the rainbow skies are blue
and the dreams that you dare to dream
really do come true.[294]

Was Robertson für *The Wizard of Oz* feststellt, gilt mit Hinblick auf das Ende auch für *Leaving Normal*: Der Film „(...) offers a narrative about leaving conventional models of domesticity and creating alternate families and alternate homes."[295] Indem *Leaving Normal* über das Regenbogen-Motiv den Bezug zu *Somewhere Over the Rainbow* und *The Wizard of Oz* herstellt, wird das Road Movie in ein „Road-Märchen" transformiert, das in einem dem Märchenmodus entsprechenden Schlussbild mit dem unsichtbaren Untertitel „und sie lebten glücklich bis an ihr Lebensende ..." mündet.
Miteingeschlossen in diesem Märchen wird die Vision vom Zusammenschluss der Marginalisierten und zugleich von der Integration des Globalem im Lokalen. Der Trailer als Teil des Hauses und die Lebensgemeinschaft der weißen Amerikanerinnen mit den Angehörigen der einheimischen Ethnie demonstrieren, dass die Idee „(...) the global as part of what constitutes the local, the outside as part of the inside"[296] umsetzbar ist.
Darunter lässt sich aber auch das sehr kritische Moment eines postkolonialistischen Subtexts entdecken, das eigentlich wieder die Zuordnung des Films zum Road Movie mit dessen Bezug zum Western, dem nationalen Raum-Mythos und der inhärenten Eroberungspolitik stärkt, denn Alaska als Wildnis-Ersatz weist vergleichbare Eigenschaften zu dem verlorenen *Wilden Westen* auf. In dieser Hinsicht lassen sich Marianne und Darly auch als Reinkarnation der amerikanischen Pionierfrauen betrachten, die an der neuen *frontier* ihrer Aufgabe der Zivilisierung nachgehen. Indiz für diese Lesart gibt nicht nur der wachsende Ehrgeiz der Heldinnen, das Stück Wildnis zu bezähmen, sondern vor allem auch die Einbindung der beiden, aus dieser Perspektive als „eingeborene Urbevölkerung" zu benennenden Eskimojungen in die Kultivierung des Landes sowie deren Zivilisierung, die Marianne in Form von Unterricht vornimmt.[297]
Das den Film beschließende Tischgebet, das Darly spricht, deutet auf die demonstrierte Toleranz und die gleichzeitig behauptete Dominanz hin: „Dear – whoever, if you are actually out there, somewhere, please bless this home – family – whatever the hell this is – and please, watch over those who are here tonight and are out there, somewhere (...)" (144. Min.)

---

[294] *Somewhere Over the Rainbow*. 1939. Text: E.Y. Harburg. Musik: Harold Arlen; Liedtext vollständig siehe Anhang 7, S. 94.
[295] P. Robertson (1997: 274).
[296] D. Massey (1994: 5).
[297] Vgl. S. Roberts (1997: 59): zur Bedeutung von Alaska als „the last of the wild frontiers" in *A Perfect World*. Vgl. T. Abercrombie (1969: 566): „It (Alaska; A.S.) was a howling big land down there, and it took big men to tackle it."

Zusammenfassend präsentiert sich *Leaving Normal* als Genre-Film, der von großer Ambivalenz geprägt ist. Er lässt sich zunächst aufgrund der narrativen Elemente und der Reisehandlung eindeutig als Road Movie identifizieren, und durch die Deutung von Alaska als dem Raum der Wildnis, die Freiheit und Herausforderung verheißt, gelingt auch die Anbindung an das zugrunde liegende Western-Genre und an den nationalen Raum-Mythos des *Wilden Westens*. Jedoch ist die Bewegungsrichtung gegenläufig zu derjenigen der traditionellen Raumkonventionen des Road Movies, die eigentlich vom Innenraum weg in den Außenraum führen und selten den angestrebten alternativen Lebensraum visualisieren. Schließlich erscheint die Transformation des Films in den Märchenmodus als Strategie, die Überschreitungsmomente der Raum-Genderkonventionen zu relativieren und die traditionellen Genrekonventionen zu wahren. In einem männlich-dominierten Genre ist nur die Flucht ins Märchenhafte möglich:

> Only in their fantasies, only over the rainbow, somewhere beyond the material world, are these women able to achieve their dreams of negotiation with, or escape from, media depictions of women, outdated prescriptions for social roles, changing expectations for gender identities, and their personal goals, hopes, and fears for themselves, born out of a male-dominated society.[298]

Letztendlich hält das Genre seine ursprünglichen Gesetze intakt: Frauen haben auf den Straßen der Road Movies nichts verloren, für sie kann Unterwegssein nichts anderes als ein Fluch sein.
Einerseits bricht *Leaving Normal* mit den Raum-Genderkonventionen, die auch für den Innenraum gelten, da er das Verhältnis des weiblichen Buddy-Paars auch im Innenraum bestehen lässt; andererseits entspricht der Film den Raumkonventionen des Genres, indem er die Heldinnen vom Außenraum zurück in den Innenraum führt. Zwar ereilt die Heldinnen keine tödliche Sanktion, aber auch das Ende dieses Road Movies präsentiert sich als Bestätigung der Raum-Gender-Formel der Berber: „Die Frau hat nur zwei Wohnbereiche: das Haus und das Grab."[299]

---

[298]S. Roberts (1997: 65).
[299]Zit. nach D. Spain (1997: 33).

4. Keep Going – Schlussbetrachtung

Was die Erkenntnisse des ersten Teils schon zu erkennen gaben, fand nun auch in den zwei Filmanalysen Bestätigung: Das Road Movie ist ein Genre, das sehr stark durch seine Raumkonventionen geprägt ist. Während schon der Name des Genres die Aufmerksamkeit auf das Genre-konstituierende Element der Straße lenkt und die Bedeutung des Außenraums betont, ist es jedoch so, dass „the trope of the road still requires the concept of home as a structuring absence."[300] Die Reise der Road Movie-Helden und -Heldinnen basiert auf der Existenz der Raum-Dichotomie von Innenraum und Außenraum, von Heim und Heimatland, von Zivilisation und Wildnis und steht damit nicht nur in der Tradition des Western-Genres und seines nationalen Raum- und Eroberungsmythos, sondern kreist um die amerikanische Grunderfahrung schlechthin: die Ambivalenz von Ankunft und Aufbruch, von Nomadentum und Sesshaftigkeit. Dabei lässt sich nicht leugnen, dass mit der Raum-Dichotomie eine geschlechtsspezifische Trennung der Räume einhergeht; die Zuschreibung von weiblicher Zugehörigkeit zu Haus und Heim als Gegenpol zu männlicher Bewegung durch den wilden Außenraum hat, wie gezeigt wurde, eine lange Tradition.

Deutlich werden Genre-Raum-Genderkonventionen, ihre Verflechtung und ihre Grenzen dann, wenn die Narration Überschreitungen der etablierten Konventionen einräumt, wobei Überschreitungen von Genderkonventionen unmittelbar an den Übertritt von Raumkonventionen geknüpft sind. Für weibliche Figuren im Road Movie galt bisher: „They were never driving the story because they were never driving the car."[301] In dem Augenblick aber, in dem ein weiblich besetztes Buddy-Paar wie Thelma und Louise/Marianne und Darly die Haustürschwelle überschreitet und, am Steuer eines Fahrzeugs, den der gesellschaftlichen Norm entsprechenden heimischen Raum hinter sich lässt, „(...) begeben sich zwei Frauen auf fremdes geographisches Territorium, auf dem das Gesetz der Männer herrscht."[302]

Das Zulassen der Überschreitung macht zwar die Raum-Genderkonventionen als Konstruktion sichtbar; in dieser Konsequenz jedoch bestätigt sich die Notwendigkeit der Dichotomie des als „weiblich" konnotierten Innenraums und des als „männlich" konnotierten Außenraums im Road Movie-Genre. Es überwiegt der Eindruck, dass beide vorgestellten Lösungen – der selbst gewählte Tod von Thelma und Louise durch die Fahrt in den Abgrund und Mariannes und Darlys Entscheidung für die heimische Sesshaftigkeit – die Wirksamkeit der *divided spheres* im Interesse der Intaktheit des Genres unterstützen: „genres function as much to challenge and criticize as to reinforce the values that inform them."[303]

---

[300] P. Robertson (1997: 271).
[301] Callie Khouri zit. nach Simpson, Janice C. 1991. „Moving into the Driver's Seat." *Time – The Weekly Newsmagazine* 137: 25, 24. Juni, 55.
[302] hr (1991: 76).
[303] T. Schatz (1981: 35).

In dieser Hinsicht lässt sich festhalten, dass „(t)hese ‚feminine' road films demonstrate that the road does not provide, or even allow for, a female space for escape or revitalization because of the cultural codes that make up the masculinist road film, which reinscribe women into regressive social prescriptions of femininity."[304]

Dennoch lassen sich, wie beide Filmanalysen in unterschiedlicher Weise vorgeführt haben, von dieser ersten, grundlegenden Überschreitung von Raum-Genderkonventionen ausgehend, weitere Momente der Überschreitung ausmachen. Überdies offenbaren sich Formen der Vermittlung zwischen der streng binären Opposition von Außen-Innen/öffentlich-privat, etwa mit dem Grundelement des Fahrzeugs, wie des offenen Cabriolets oder des Trailers, „because it literally takes home on the road."[305]

Auch wenn das Road Movie mit dem Tod oder mit der Bannung der Heldinnen im Heim im Interesse der Stabilität der Genrekonventionen arbeitet, liegt in diesen Zwischenformen das Potenzial, eine fortgesetzte Naturalisierung und Institutionalisierung bestehender Raum-Gender-Dichotomien sichtbar zu machen und in Frage zu stellen. Es gilt, weder in den Abgrund weiterzufahren, noch das einmal in Besitz genommene Fahrzeug wieder stillzulegen, sondern weiterzumachen im Sinne einer fortgesetzten Überschreitung bestehender Grenzen der Raum-Genderkonventionen, um diese offen zu legen und mögliche Alternativen zu etablieren: „One gender-disturbing message might be – in terms of both identity and space – keep moving!"[306]

---

[304] S. Roberts (1997: 66).
[305] S. Cohan (1997: 136).
[306] D. Massey ((1994: 11).

5. Anhang

Anhang 1 Werbung für Marlboro *Living Road Movie*

Anhang 2 *Route 66*

Anhang 3 Werbung für Mexiko

Anhang 4 *Nowhere To Go*

Anhang 5 *The Ballad of Lucy Jordan*

Anhang 6 Werbung für *Airstream Travel Trailers*

Anhang 7 *Somewhere Over the Rainbow*

Anhang 1

Werbung für Marlboro *Living Road Movie*: *TV-Spielfilm* 20, 25.09.-08.10.1999, 285.

Anhang 2

Route 66

If you ever plan to motor West,
Travel my way, take the highway that's the best.
Get your kicks on Route Sixty Six!

It winds from Chicago to L.A.,
More than two thousand miles all the way.
Baby you get your kicks on Route Sixty Six.

Now you go thru Saint Looey and Joplin, Missouri;
And Oklahoma City is mighty pretty.
You'll see Amarilo, Gallup, New Mexico;
Flagstaff, Arizona; don't forget Winona,
Kingman, Barstow, San Bernadino.

Won't you get hip to this timely tip;
When you make that California trip.
Get your kicks on Route Sixty Six!

Don't take the low road but the high road Sixty Six.
Don't take the byway but the highway Sixty Six.
Get your kicks on Route Sixty Six!

Text und Musik: Bobby Troup
Erstaufführung und Erstaufnahme: Nat King Cole 1946

Anhang 3

Werbung für Mexiko: *National Geographic* 135: 6, Juni 1969.

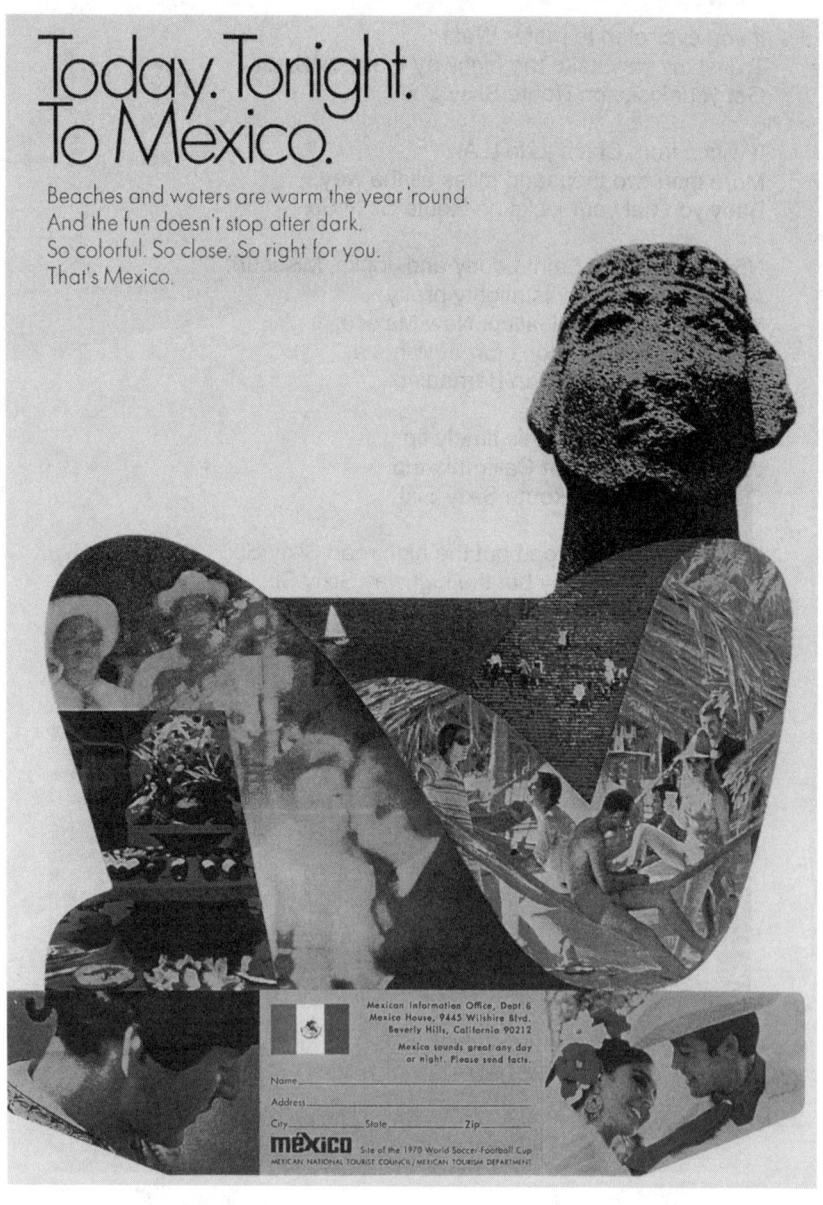

Anhang 4

Nowhere To Go

I know a place/ Down past an old shack
On a road that goes to nowhere/ Ain't nobody coming back
We can go there tonight/ We can talk until dawn
Or maybe something else/ I'll leave the radio on

There's no one to hear/ You might as well scream
They never woke up/ From the American dream
And they don't understand/ What they don't see
And they look through you/ And they look past me
Oh, you and I dancing slow/ And we got nowhere to go

Past the Wal-Mart and the prison/ Down by the old V.A.
Just my jeans and my t-shirt/ And my blue Chevrolet
It's Saturday night/ Feels like everything's wrong
I've got some strawberry wine/ I wanna get you alone

Down by the muddy water/ Of the mighty Mo
In an old abandoned box car/ Will I ever know
Dance with me forever/ This moment is divine
I'm so close to heaven/ This hell is not mine

Melissa Etheridge
Album: *Your Little Secret*
1995

Anhang 5

The Ballad of Lucy Jordan

The morning sun touched lightly on the eyes of Lucy Jordan
In a white suburban bedroom in a white suburban town
As she lay there 'neath the covers dreaming of a thousand lovers
Till the world turned to orange and the room went spinning round.

At the age of thirty-seven she realised she'd never
Ride through Paris in a sports car with the warm wind in her hair.
So she let the phone keep ringing and she sat there softly singing
Little nursery rhymes she'd memorised in her daddy's easy chair.

Her husband, he's off to work and the kids are off to school,
And there are, oh, so many ways for her to spend the day.
She could clean the house for hours or rearrange the flowers
Or run naked through the shady street screaming all the way.

At the age of thirty-seven she realised she'd never
Ride through Paris in a sports car with the warm wind in her hair
So she let the phone keep ringing as she sat there softly singing
Pretty nursery rhymes she'd memorised in her daddy's easy chair.

The evening sun touched gently on the eyes of Lucy Jordan
On the roof top where she climbed when all the laughter grew too loud
And she bowed and curtsied to the man who reached
and offered her his hand,
And he led her down to the long white car that waited past the crowd.

At the age of thirty-seven she knew she'd found forever
As she rode along through Paris with the warm wind in her hair ...

Marianne Faithfull
Album: *Broken English*
1979

Anhang 6

Werbung für *Airstream Travel Trailers*: *National Geographic* 135: 3, März 1969.

discover real travel adventure!

Want to visit exciting new places? Or maybe you'd prefer sunbathing in Florida or relaxing beside some inviting stream? Perhaps you know a road somewhere you'd like to follow to the end. It's all the same with an Airstream Land Yacht ... good beds, bathroom, hot and cold water, refrigeration, heat and light independent of outside sources wherever you go — for a night, a week, or a month. Airstream Land Yachting means real travel independence — no time-tables, tickets, packing. You just tow your Airstream lightly behind your car and follow your travel whims wherever they urge you to go. Yes, it's the exciting, better way to travel anywhere in the world. For extra fun join a Wally Byam Caravan.

write for free new color catalog — Thrilling as a world cruise

AIRSTREAM TRAVEL TRAILERS

Dept. 10, Church St., Jackson Center, Ohio 45334 • Dept. 10, 15939 Piuma Ave., Cerritos, Calif. 90701

Anhang 7

Somewhere Over the Rainbow

When all the world is a hopeless jumble
And the raindrops tumble all around
Heaven opens a magic lane.
When all the clouds darken up the skyway
There's a rainbow highway to be found,
Leading from your window pane
To a place behind the sun
Just a step beyond the rain.

Somewhere over the rainbow way up high
There's a land that I heard of once in a lullaby.
Somewhere over the rainbow skies are blue
And the dreams that you dare to dream
Really do come true.

Someday I wish upon a star
And wake up where
The clouds are far behind me.
Where troubles melt
Like lemon drops away
Above the chimney tops
That's where you'll find me.

Somewhere over the rainbow bluebirds fly,
Birds fly over the rainbow, why then, oh why can't I.
If happy little bluebirds fly beyond the rainbow
Why then, oh why can't I.

Someday I'll wake and rub my eyes
And in the land beyond the skies you'll find me.
I'll be a laughing daffodil and leave the silly cares
That fill my mind behind me.

Text: E.Y. Harburg
Musik: Harold Arlen
Interpretin in *The Wizard of Oz*: Judy Garland
1939

6. Literaturverzeichnis

Selbstständige Publikationen

Aristoteles. 1947. *Über Hauswirtschaft Buch 1*. Hg. von Paul Gohlke. Die Lehrschriften. Paderborn: Ferdinand Schöningh.
Badinter, Elisabeth. 1997. *Die Identität der Mannes. Seine Natur, seine Seele, seine Rolle*. München: Piper.
Baudrillard, Jean. 1995. *Amerika*. München: Matthes & Seitz (Originalausgabe *Amérique*, Paris 1986).
Baxter, John. 1980. *John Ford. Sein Leben – seine Filme*. Hg. von Thomas Jeier. München: Wilhelm Heyne (Heyne Filmbibliothek).
Beauvoir, Simone de. 1988. *Amerika Tag und Nacht. Reisetagebuch 1947*. Reinbek bei Hamburg: Rowohlt Taschenbuch (Originalausgabe *L'Amérique au jour le jour*, Paris 1964).
Bertelsen, Martin. 1991. *Roadmovies und Western. Ein Vergleich zur Genre-Bestimmung des Roadmovies*. Ammersbek bei Hamburg: Verl. an d. Lottbek (Wissenschaftl. Beiträge aus europäischen Hochschulen Nr. 3).
Bordwell, David. 1989. *Making Meaning. Inference and Rhetoric in the Interpretation of Cinema*. Cambridge/Massachusetts: Harvard University Press.
Bordwell, David/Thompson, Kristin. 1993 (1979). *Film Art. An Introduction*. 4. Auflage. New York: McGraw-Hill.
Bovenschen, Silvia. 1979. *Die imaginierte Weiblichkeit. Exemplarische Untersuchungen zu kulturgeschichtlichen und literarischen Präsentationsformen des Weiblichen*. Frankfurt a.M.: Suhrkamp.
Branigan, Edward. 1984. *Point of Views in the Cinema. A Theory of Narration and Subjectivity in Classical Film*. Berlin: Mouton Publishers.
Cohan, Steven/Hark, Ina Rae (Hg.). 1997. *The Road Movie Book*. London/New York: Routledge.
Collins, Ava Preacher/Collins, Jim/Radner, Hilary (Hg.). 1993. *Film Theory Goes to the Movies*. New York: Routledge.
Corrigan, Timothy. 1992. *A Cinema without Walls: Movies and Culture after Vietnam*. London: Routledge (USA: Rutgers University Press 1991).
Eramo, Marco d'. 1996. *Das Schwein und der Wolkenkratzer. Chicago: eine Geschichte unserer Zukunft*. München: Kunstmann.
Erikson, Erik H. 1965. *Kindheit und Gesellschaft*. 2. Auflage. Stuttgart: Ernst Klett. (Original *Childhood and Society*, New York 1950, 1963.)
Esders-Angermund, Karin. 1997. *Weiblichkeit und sexuelle Differenz im amerikanischen Genrekino. Funktionen der Frau im frühen Westernfilm*. Trier: WVT Wissenschaftlicher Verlag Trier (Crossroads Bd. 13).
Fiedler, Leslie A. 1987. *Liebe, Sexualität und Tod. Amerika und die Frau*. Gekürzte Ausgabe. Frankfurt a.M./Berlin: Ullstein (Originalausgabe *Love and Death in the American Novel*, 1960).

Friedan, Betty. 1979 (1970). *Der Weiblichkeitswahn oder Die Selbstbefreiung der Frau. Ein Emanzipationskonzept.* Erw. Neuausgabe. Reinbek bei Hamburg: Rowohlt Taschenbuch (Originalausgabe *The Feminine Mystique*, New York 1963).
Grant, Barry Keith (Hg.). 1995. *Film Genre Reader II.* Austin: University of Texas Press.
Hembus, Joe. 1979. *Western-Geschichte. 1540-1894. Chronologie/Mythologie/Filmographie.* München/Wien: Carl Hanser.
Hembus, Joe. 1995 (1976). *Das Western-Lexikon. 1567 Filme von 1894 bis heute.* Erweiterte Neuausgabe. 3. Auflage. Hg. von Benjamin Hembus. München: Wilhelm Heyne.
Honegger, Claudia. 1991. *Die Ordnung der Geschlechter. Die Wissenschaften vom Menschen und das Weib. 1750-1850.* Frankfurt a.M./New York: Campus.
Jeier, Thomas. 1987. *Der Western-Film.* München: Wilhelm Heyne (Heyne Filmbibliothek).
Kerouac, Jack. 1991 (1957). *On the Road.* New York: Penguin Books.
Krützen, Michaela. 2000. *Filmerzählungen. Narrative Strukturen in Produktionen des klassischen Hollywood-Kinos.* Unveröffentlichte Habilitationsschrift.
Kunstforum International. 1997. *Ästhetik des Reisens.* Bd. 136. Februar-Mai.
Least Heat Moon, William. 1995. *Blue Highways. Eine Reise in Amerika.* Frankfurt a.M.: Suhrkamp Taschenbuch (Originalausgabe *Blue Highways. A Journey into America*, Toronto 1982).
Massey, Doreen. 1994. *Space, Place and Gender.* Cambridge: Polity.
McDowell, Linda. 1999. *Gender, Identitiy and Place. Understanding Feminist Geographies.* Cambridge: Polity.
Menningen, Jürgen/Schulz, Berndt/Heinzlmeier, Adolf. 1985. *Road Movies. Action-Kino der Maschinen und Motoren.* Hamburg: Rasch und Röhring.
Monaco, James. 1995. *Film verstehen.* Überarb. und erw. Neuausgabe. Reinbek bei Hamburg: Rowohlt Taschenbuch Verlag.
Nabokov, Vladimir. 1991 (1964). *Lolita.* Reinbek bei Hamburg: Rowohlt Taschenbuch Verlag (Originalausgabe *Lolita*, Paris 1955).
Neale, Stephen. 1980. *Genre.* London: British Film Institute.
Rother, Rainer (Hg.). 1997. *Sachlexikon Film.* Reinbek bei Hamburg: Rowohlt Taschenbuch.
Rünzler, Dieter. 1995. *Im Westen ist Amerika. Die Metamorphose des Cowboys vom Rinderhirten zum amerikanischen Helden.* Wien: Picus.
Schatz, Thomas. 1981. *Hollywood Genres. Formulas, Filmmaking, and the Studio System.* New York: Random House.
Seeßlen, Georg. 1995. *Western. Geschichte und Mythologie des Westernfilms.* Marburg: Schüren (Grundlagen des populären Films).
Spain, Daphne. 1992. *Gendered Spaces.* Chapel Hill: The University of North Carolina Press.

Stammel, Heinz J. 1982. *Off Road durch die USA.* Stuttgart: Motorbuch Verlag.
Steinbeck, John. 1999 (1985). *Früchte des Zorns.* München: Deutscher Taschenbuch Verlag (Originalausgabe *The Grapes of Wrath,* 1939).
Tasker, Yvonne. 1993. *Spectacular Bodies. Gender, Genre and the Action Cinema.* London/New York: Routledge.
Wood, Robin. 1986. *Hollywood from Vietnam to Reagan.* New York: Columbia University Press.

Nicht selbstständige Publikationen
Abercrombie, Thomas J. 1969. „Nomad in Alaska's Outback." *National Geographic* 135: 4, April, 540-566.
Abrams, Janet. Rez. 1991. „Thelma & Louise." *Sight and Sound* 1: 3, Juli, 55-56.
Aitken, Stuart C./Lukinbeal, Christopher Lee. 1997. „Disassociated Masculinities and Geographies of the Road." In: Cohan/Hark (Hg.), 1997, 349-370.
Alvey, Marc. 1997. „Wanderlust and Wire Wheels. The existential search of *Route 66.*" In: Cohan/Hark (Hg.), 1997, 143-164.
Atkinson, Michael. 1994. „Crossing the Frontiers." *Sight and Sound* 4: 1, Januar, 14-17.
Bahiana, Ana Maria. 1991. „Callie Khouri. Scripting *Thelma & Louise.*" *Cinema Papers* 85, November, 32-36.
Baudrillard, Jean. 1983. „The Ecstasy of Communication." In: Foster, Hal (Hg.). *The Anti-Aesthetic: Essays on Postmodern Culture.* Seattle: Bay Press, 126-134.
Becker, Jens Peter. 1989. „Automobil und Film: Die ‚Road Movies' des New Hollywood." In: Ders. *Das Automobil und die amerikanische Kultur.* Trier: WVT Wisssenschaftlicher Verlag Trier, 143-184.
Boozer, Jack. 1995. „Seduction and Betrayal in the Heartland: *Thelma & Louise"* *Literature/Film Quarterly* 23: 3, 188-196.
Braudy, Leo. 1991-92. „Satire Into Myth." *Film Quarterly* 45: 2, Winter, 28-29.
Buscombe, Edward. 1995. „The Idea of Genre in the American Cinema." In: Grant (Hg.), 1995, 11-25.
Carlson, Margaret. 1991. „Is This What Feminism Is All About?" *Time – The Weekly Newsmagazine* 137: 25, 24. Juni, 57.
Chumo II, Peter N. 1994. „At the Generic Crossroads with *Thelma & Louise.*" *Post Script* 13: 2, Winter-Frühling, 3-13.
Cohan, Steven. 1997. „Almost Like Being at Home. Showbiz culture and Hollywood road trips in the 1940s and 1950s." In: Cohan/Hark (Hg.), 1997, 113-142.
Cohan, Steven/Hark, Ina Rae. 1997. „Introduction." In: Cohan/Hark (Hg.), 1997, 1-14.
Cohn, Lawrence. Rez. 1992. *„Leaving Normal."* *Variety* 20. April, 45.
Creekmur, Corey R. 1997. „On the Run and on the Road. Fame and the outlaw couple in American cinema." In: Cohan/Hark (Hg.), 1997, 90-109.

Dargis, Manohla. 1991. „Roads to Freedom." *Sight and Sound* 1: 3, Juli, 14-18.
Dowell, Pat u.a. 1991. „Should We Go Along for the Ride? A Critical Symposium on *Thelma & Louise*." *Cineaste* 18: 4, 28-36.
Dowell, Pat. 1991. „The Impotence of Women." *Cineaste* 18: 4, 28-30.
Dyer, Richard. 1994. „Action!" *Sight and Sound* 10, Oktober, 6-10.
Ebert, Roger. Rez. 1992. „*Leaving Normal.*" *Chicago Sun-Times* http://www.suntimes.com/ebert/ebert_reviews/1992/04/753759.html, 29. April.
Eickhoff, Hajo. 1997. „Welt erfahren. Wie ein Sitzender über die Straße gehen oder Auf dem Weg nach Westen." In: Kunstforum International, 1997, *Ästhetik des Reisens*, Bd. 136, 102-110.
Everschor, Franz. Rez. 1991. „*Thelma & Louise.*" *Filmdienst* 21, 30.
Feaster, Felicia. 1993. „Montage." *Jump Cut* 38, Juni, 20-25.
Ford, Richard. 1991. „Place qua Place." *American Film* 16: 10, November/Dezember, 68.
Foucault, Michel. 1999. „Andere Räume." In: Ders. *Botschaften der Macht. Der Foucault-Reader*. Hg. von Jan Engelmann. Stuttgart: Deutsche Verlags-Anstalt, 145-157.
Foucault, Michel. 1995 (1989). „Das Hauswesen der Ischomachos." In: Ders. *Sexualität und Wahrheit. Bd. 2. Der Gebrauch der Lüste*. 4. Auflage. Frankfurt a.M.: Suhrkamp (Suhrkamp-Taschenbuch Wissenschaft 717), 194-210.
Grant, Edmond. Rez. 1991. „*Thelma & Louise.*" *Films in Review* 42: 7/8, Juli/August, 256-257.
Greenberg, Harvey R. u.a. 1991-92. „The Many Faces of *Thelma & Louise.*" *Film Quarterly* 45: 2, Winter, 20-31.
Griggers, Cathy. 1993. „*Thelma and Louise* and the Cultural Generation of the New Butch-Femme." In: Collins/Collins/Radner, 1993, 129-141.
Grundmann, Roy. 1991. „Hollywood Sets the Terms of the Debate." *Cineaste* 18: 4, 35-36.
Hardy, Ernest. Rez. 1996. „*Set It Off.*" *Film.com Critics* http://www.film.com/film-review/1996/9393/98/default-review.html
Hark, Ina Rae. 1997. „Fear of Flying. Yuppie critique and the buddy-road movie in the 1980s." In: Cohan/Hark (Hg.), 1997, 204-229.
Hausen, Karin. 1992. „Öffentlichkeit und Privatheit. Gesellschaftspolitische Konstruktionen und die Geschichte der Geschlechterbeziehungen." In: Hausen, Karin/Wunder, Heide (Hg.). *Frauengeschichte – Geschlechtergeschichte*. Frankfurt a.M./New York: Campus, 81-88.
Hausen, Karin. 1976. „Die Polarisierung der „Geschlechtscharaktere" – Eine Spiegelung der Dissoziation von Erwerbs- und Familienleben." In: Conze, Werner (Hg.). *Sozialgeschichte der Familie in der Neuzeit Europas. Neue Forschungen*. Stuttgart: Ernst Klett, 367-393.
Henderson, Brian. 1991-92. „Narrative Organization." *Film Quarterly* 45: 2, Winter, 25-27.

Hinson, Hal. Rez. 1992. „*Leaving Normal.*" *The Washington Post* http://www.washingtonpost.com/wp-srv/style/longterm/movies/videos/leavingnormalrhinson_a0a769.htm, 29. April.
Holmlund, Christine. 1994. „A Decade of Deadly Dolls." In: Birch, Helen (Hg). *Moving Targets. Women, Murder and Representation.* Berkley/Los Angeles: University of California Press, 127-151.
Howe, Desson. Rez. 1991. „*Thelma & Louise.*" *The Washington Post* http://www.washingtonpost.com/wp-srv/style/longterm/movies/videos/thelmalouiserhowe_a0b2fc.htm, 24. Mai.
Howe, Desson. Rez. 1992. „*Leaving Normal.*" *The Washington Post* http://www.washingtonpost.com/wp-srv/style/longterm/movies/videos/leavingnormalrhowe_a0aec6.htm, 01. Mai.
hr. 1991. „Girls Just Wanna Have Guns." *Cinema* 10, 76.
hr. Rez. 1991. „*Thelma & Louise.*" *Cinema* 10, 72-74.
Jordan, Robert Paul. 1968. „Our Growing Interstate Highway System." *National Geographic* 135: 2, Februar, 194-219.
Kempley, Rita. Rez. 1991. „*Thelma & Louise.*" *The Washington Post* http://www.washingtonpost.com/wp-srv/style/longterm/movies/videos/thelmalouiserkempley_a0a10c.htm, 24. Mai.
Kinder, Marsha. 1974. „The Return of the Outlaw Couple" *Film Quarterly* 27: 4, Sommer, 2-10.
Kinder, Marsha. 1991-92. „*Thelma & Louise* and *Messidor* as Feminist Road Movies." *Film Quarterly* 45: 2, Winter, 30-31.
Klinger, Barbara. 1997. „The Road to Dystopia. Landscaping the nation in *Easy Rider.*" In: Cohan/Hark (Hg.), 1997, 179-203.
Kothenschulte, Daniel. Rez. 1997. „*Set It Off.*" *Filmdienst* http://www.systhema.de/service/Movienews/filme/1997/09_97set.htm.
Kruttschnitt, Christine. 1991. „Kranker Film für kranke Leute." *Stern* 42, 10. Oktober, 313-315.
Laderman, David. 1996. „What a Trip: The Road Film and American Culture." *Journal of Film and Video*, 48: 1-2, Frühling-Sommer, 41-57.
Lang, Robert. 1997. „*My Own Private Idaho* and the New Queer Road Movies." In: Cohan/Hark (Hg.), 1997, 330-348.
Langer, Freddy. 1999. „Der kleine Mann als Held der Straße. 2200 Meilen Asphalt zwischen Chicago und Los Angeles: Versuch einer Annäherung an die Route 66." *Frankfurter Allgemeine Zeitung* 131, 10. Juni, Reiseblatt, R 9-10.
Leong, Ian/Sell, Mike/Thomas, Kelly. 1997. „Mad Love, Mobile Homes, and Dysfunctional Dicks. On the Road with Bonnie and Clyde." In: Cohan/Hark (Hg.), 1997, 70-89.
Lyons, Donald. 1991. „Detours." *Film Comment* 27: 4, Juli/August 1991, 2-3.
Makavejev, Dusan. 1994. „La vie en tant que „remake"." *Positif* 400, Juni, 76-77.
Maude, Colette. 1991. „Women Off the Verge." *Time Out* 1089, 3. Juli, 12-13.

McDowell, Linda. 1996. „Off the road: alternative views of rebellion, resistance and ‚the beats'." *Transactions of the Institute of British Geographers*, Hg. Royal Geographical Society, 21, 412-419.

Metzger, David. 1991. „Rhetoric and Death in Thelma and Louise: Notes Toward a Logic of the Fantastic." *Journal of the Fantastic in the Arts* 4:4, 9-18.

Mills, Katie. 1997. „Revitalizing the Road Genre. The Living End as an AIDS Road Film." In: Cohan/Hark (Hg.), 1997, 307-329.

Morrison, Susan. 1988. „The (Ideo)logical Consequences of Gender on Genre." *CineAction!* 13, Sommer, 40-46.

Murphy, Kathleen. 1991. „Only Angels Have Wings." *Film Comment* 27: 4. Juli/August, 26-29.

Neale, Stephen. 1995. „Questions of Genre." In: Grant (Hg.), 1995, 159-183.

Peary, Gerald. 1987. „On the Road." *American Film* 12: 4, Januar/Februar, 65-67.

Praschl, Bernhard. 1989. „Road-Movie auf Abwegen: *Powwow Highway* von Jonathan Wacks." *Die Presse* 22./23. Juli, ohne Seitenangabe.

Putnam, Ann. 1993. „The Bearer of the Gaze in Ridley Scott's *Thelma and Louise*." *Western American Literature* 27: 4, Winter, 291-302.

Rauser, Richard John. Rez. 1992. „*Leaving Normal* (1992)." http://uk.imdb.com/Reviews/14/1408

Rapping, Elayne. 1991. „Feminism Gets the Hollywood Treatment." *Cineaste* 18: 4, 30-32.

Roberts, Shari. 1997. „Western meets Eastwood. Genre and gender on the road." In: Cohan/Hark (Hg.), 1997, 45-69.

Robertson, Pamela. 1997. „Home and Away. Friends of Dorothy on the road in Oz." In: Cohan/Hark (Hg.), 1997, 271-286.

Rose, Hubert-Yves. 1994. „Ma femme m'attend. Mon mari me cherche." *la revue de la cinémathèque* 19, Juli/August, 10-13.

Rousseau, Jean-Jacques. *Brief an Herrn d'Alembert. Über seinen Artikel „Genf" im VII. Band der Enzyklopädie und insbesondere über den Plan, ein Schauspielhaus in dieser Stadt zu errichten.* 1758. In: Ders. Schriften. Bd. 1. Hg. von Henning Ritter. München/Wien: Carl Hanser 1978, 333-474.

Roux, Hervé le. 1986. „One More Time." *Cahiers du Cinéma* 388, Oktober, 41.

Rutschky, Michael. 1997. „Das Auto ist eine Kamera." In: Kunstforum International, 1997, *Ästhetik des Reisens*, Bd. 136, 162-167.

Schabert, Ina. 1995. „*Gender* als Kategorie einer neuen Literaturgeschichtsschreibung." In: Bußmann, Hadumod/Hof, Renate (Hg.). *Genus – zur Geschlechterdifferenz in den Kulturwissenschaften*. Stuttgart: Kröner, 162-205.

Schickel, Richard. 1991. „Gender Bender." *Time – The Weekly Newsmagazine* 137: 25, 24. Juni, 52-56.

Schiller, Friedrich. *Das Lied von der Glocke.* 1797-1799. In: Ders. Werke und Briefe in zwölf Bänden. Bd. 1. Hg. von Otto Dann/Axel Gellhaus u.a. Frankfurt a.M.: Deutscher Klassiker Verlag 1992, 56-68.
Schnelle, Frank. Rez. 1991. „Thelma & Louise." *epd Film* 10, 41.
Simpson, Janice C. 1991. „Moving into the Driver's Seat." *Time – The Weekly Newsmagazine* 137: 25, 24. Juni, 55.
Sloterdijk, Peter. 1995. „Rollender Uterus." *Der Spiegel* 8, 130.
Smith, Julian. 1976. „Getting Stuck in America: Two Interrupted Journeys." *The Journal of Popular Film* 5: 2, 95-108.
Spain, Daphne. 1997. „Räumliche Geschlechtersegregation und Status der Frau." In: Völger, Gisela (Hg.). *Sie und Er. Frauenmacht und Männerherrschaft im Kulturvergleich.* Köln: Rautenstrauch-Joest-Museum, 31-40.
Stark, Freya. 1997. „Philosophie des Reisens." In: Kunstforum International, 1997, *Ästhetik des Reisens*, Bd. 136, 80-83.
Tasker, Yvonne. 1993. „Criminelles: *Thelma et Louise* et autres délinquantes." *CinémAction* 67, März, 92-95.
Taubin, Amy. 1991. „Ridley Scott's Road Work." *Sight and Sound* 1: 3, Juli, 18-19.
Tudor, Andrew. 1995. „Genre." In: Grant (Hg.), 1995, 3-10.
Westerlund-Shands, Kerstin. 1993. „Female Fatality in the Movies." *Moderna Språk* 87: 2, 113-120.
Williams, Linda. 1991-92. „What Makes a Woman Wander." *Film Quarterly* 45: 2, Winter, 27-28.
Willis, Sharon. 1993. „Hardware and Hardbodies: What Do Women Want? A Reading of *Thelma & Louise*." In: Collins/Collins/Radner, 1993, 120-128.
Willis, Sharon. 1997. „Race on the Road. Crossover Dreams." In: Cohan/Hark (Hg.), 1997, 287-306.

7. Filmverzeichnis

Erläuterung: Die Filmnennungen erfolgen in alphabetischer Reihenfolge nach den Originaltiteln; insofern der deutsche Titel vom Originaltitel abweicht, steht er in Klammern.

Vorrangig besprochene Filme:
Leaving Normal (Auf und davon). USA 1992.
   Regie: Edward Zwick. Buch: Ed Solomon.
   DarstellerInnen: Meg Tilly (Marianne Johnson), Christine Lahti (Darly), Patrika Darbo (66), Lenny von Dohlen (Harrison), Maury Chaykin (Leon), Brett Cullen (Kurt), James Gammon (Walt), Eve Gordon (Emily), James Eckhouse (Rich)
   (Internet Movie Data Base: http://us.imdb.com/Title?0104697)

Thelma & Louise. USA 1991.
   Regie: Ridley Scott. Buch: Callie Khouri.
   DarstellerInnen: Susan Sarandon (Louise Sawyer), Geena Davis (Thelma Dickinson), Harvey Keitel (Hal Slocumb), Michael Madsen (Jimmy), Christopher McDonald (Darryl), Stephen Tobolowsky (Max), Brad Pitt (J.D.), Timothy Carhart (Harlan Puckett)
   (Internet Movie Data Base: http://us.imdb.com/Title?0103074)

Weitere zur Untersuchung herangezogene Filme:
Adorenarin doraibu (Adrenaline Drive). Japan 1999.
   Buch und Regie: Shinobu Yaguchi.
Adventures of Priscilla, Queen of the Desert, The (Priscillla – Königin der Wüste). Australien 1993.
   Buch und Regie: Stephan Elliott.
Another Day in Paradise (Ein neuer Tag im Paradies). USA/Rußland 1998.
   Regie: Larry Clark. Buch: Eddie Little/Chrisopher B. Landon.
Badlands. USA 1973.
   Buch und Regie: Terrence Malick.
Bonnie & Clyde. USA 1967.
   Regie: Arthur Penn. Buch: David Newman/Robert Benton.
Boys on the Side (Kaffee, Milch und Zucker). USA 1995.
   Regie: Herbert Ross. Buch: Don Roos.
Burning Life. Bundesrepublik Deutschland 1994.
   Regie: Peter Welz. Buch: Stefan Kolditz.
Butch Cassidy and the Sundance Kid (Zwei Banditen). USA 1968.
   Regie: George Roy Hill. Buch: William Goldman.
Butterfly Kiss. Großbritannien 1994.
   Regie: Michael Winterbottom. Buch: Frank Cottrell Boyce.

Bye Bye Bluebird. Dänemark 1999.
   Regie: Katrin Ottarsdóttir.
Cold Fever. Island/USA/Bundesrepublik Deutschland/Schweiz 1995.
   Regie: Fridrik Thór Fridriksson. Buch: Jim Stark/Fridrik Thór Fridriksson.
Detour (Umleitung). USA 1946.
   Regie: Edgar G. Ulmer. Buch: Martin Goldsmith.
Drugstore Cowboy. USA 1989.
   Regie: Gus Van Sant. Buch: Gus Van Sant/Daniel Yost, nach einem Roman von James Fogle.
Easy Rider. USA 1969.
   Regie: Dennis Hopper. Buch: Peter Fonda/Dennis Hopper/Terry Southern.
Get on the Bus. USA 1996.
   Regie: Spike Lee. Buch: Reggie Rock Bythewood.
Getaway, The (Getaway). USA 1972.
   Regie: Sam Peckinpah. Buch: Walter Hill, nach einem Roman von Jim Thompson.
Grapes of Wrath, The (Früchte des Zorns). USA 1940.
   Regie: John Ford. Buch: Nunnally Johnson, nach dem Roman von John Steinbeck.
Guantanamera. Kuba/Spanien/Bundesrepublik Deutschland 1995.
   Regie: Tamás Gutiérrez Alea/Juan Carlos Tabió. Buch: Eliseo Alberto Diego/Tamás Gutiérrez Alea/Juan Carlos Tabió.
Gun Crazy (Gefährliche Leidenschaft). USA 1949.
   Regie: Joseph H. Lewis. Buch: Mackinlay Kantor/Millard Kaufmann.
Gun Crazy (Guncrazy). USA 1992.
   Regie: Tamra Davis. Buch: Matthew Bright.
Helden im All. Ost-West Spektakel Mondlandung. TV-Dokumentation. Redaktion Westdeutscher Rundfunk/Arte 1999.
   Buch/Regie: Florian von Stetten.
Homer & Eddie. USA 1988.
   Regie: Andrej Kontschalowskij. Buch: Patrick Cirillo.
It Happened One Night (Es geschah in einer Nacht). USA 1934.
   Regie: Frank Capra. Buch: H. Adams/Robert Riskin.
Jackson County Jail (Vergewaltigt hinter Gittern). USA 1975.
   Regie: Michael Miller. Buch: Donald Stewart.
John Ford. Der Regisseur und seine Filme. TV-Dokumentation. BBC/Arts Entertainment Network. Gesendet im Norddeutschen Rundfunk 1994.
   Regie: Andrew Eaton. Buch: Lindsay Anderson.
Kalifornia. USA 1993.
   Regie: Dominic Sena. Buch: Tim Metcalfe.
Kikujiro no natsu (Kikujiros Sommer). Japan 1999.
   Buch und Regie: Takeshi Kitano.

Lamerica. Italien/Frankreich 1994.
   Regie: Gianni Amelio. Buch: Gianni Amelio/Andrea Porporati/Alessandro Sermoneta.
Living End, The. USA 1992.
   Buch und Regie: Gregg Araki.
Long, Long Trailer, The (Villa mit 100 PS). USA 1953.
   Regie: Vincente Minelli. Buch: Albert Hackett/Frances Goodrich, nach einer Novelle von Clinton Twiss.
Love & a.45. USA 1994.
   Buch und Regie: C. M. Talkington.
Messidor. Schweiz 1979.
   Regie und Buch: Alain Tanner.
Midnight Run (Midnight Run – Fünf Tage bis Mitternacht). USA 1988.
   Regie: Martin Brest. Buch: George Gallo.
My Own Private Idaho (My Private Idaho). USA 1990.
   Buch und Regie: Gus Van Sant.
Natural Born Killers. USA 1994.
   Regie: Oliver Stone. Buch: David Veloz/Richard Rutowski/Oliver Stone.
Neitoperho (Die Nacht des Schmetterlings). Finnland 1997.
   Buch und Regie: Auli Mantila.
Perfect World, A (Perfect World). USA 1993.
   Regie: Clint Eastwood. Buch: John Lee Hancock.
Personne ne m'aime (Überdreht und durchgeknallt). Frankreich 1993.
   Buch und Regie: Marion Vernoux.
Powwow Highway. England 1988.
   Regie: Jonathan Wacks. Buch: Janet Heaney/Jean Stawarz, nach einem Roman von David Seals.
Rain People, The (Liebe niemals einen Fremden) USA 1968.
   Buch und Regie: Francis Ford Coppola.
Sans toi ni loi (Vogelfrei). Frankreich 1985.
   Buch und Regie: Agnes Varda.
Set It Off. USA 1996.
   Regie: F. Gary Gray. Buch: Takeshi Bufford/Kate Lanier.
Spider & Rose. Australien 1994.
   Buch und Regie: Bill Bennett.
Stagecoach (Höllenfahrt nach Santa Fé/Ringo). USA 1939.
   Regie: John Ford. Buch: Dudley Nichols, nach der Erzählung *Stage to Lordsburg* von Ernest Haycox.
Straight Story, The (Eine wahre Geschichte – The Straight Story). USA/Frankreich 1999.
   Regie: David Lynch. Buch: John Roach/Mary Sweeney.
Sugarland Express. USA 1973.
   Regie: Steven Spielberg. Buch: Hal Barwood/Matthew Robbins.

Sullivan's Travels (Sullivans Reisen). USA 1941.
    Buch und Regie: Preston Sturges.
Suzie Washington. Österreich 1998.
    Regie: Florian Flicker. Buch: Michael Sturminger/Florian Flicker.
TGV Express. Senegal/Frankreich 1997.
    Regie: Moussa Touré.
They Drive by Night (Nachts unterwegs). USA 1940.
    Regie: Raoul Walsh. Buch: Jerry Wald/Richard Macaulay, nach dem Roman *Long Haul* von A.I. Bezzerides.
They Live by Night (Sie leben bei Nacht). USA 1948/49.
    Regie: Nicholas Ray. Buch: Nicholas Ray/Charles Schnee, nach einem Roman von Edward Anderson.
Thieves Like Us (Diebe wie wir). USA 1973.
    Regie: Robert Altman. Buch: Calder Willingham/Joan Tewkesbury/Robert Altman, nach einem Roman von Edward Anderson.
To Wong Foo – Thanks for Everything! Julie Newmar. USA 1995.
    Regie: Beeban Kidron. Buch: Douglas Carter Beane.
Trail of Tears (Vom eigenen Vater entführt). TV-Film. USA 1995.
    Regie: Donald Wrye. Buch: Matthew Bombeck.
True Romance. USA 1993.
    Regie: Tony Scott. Buch: Quentin Tarantino.
Truth or Consequences (Ort der Wahrheit). USA 1997.
    Regie: Kiefer Sutherland. Buch: Brad Mirman.
Two-Lane Blacktop (Asphaltrennen). USA 1971.
    Regie: Monte Hellmann. Buch: Rudolph Wurlitzer/Will Corry.
Westward the Women (Karawane der Frauen). USA 1951.
    Regie: William A. Wellman. Buch: Charles Schnee.
Wild at Heart (Wild at Heart – Die Geschichte von Sailor und Lula). USA 1990.
    Buch und Regie: David Lynch, nach einem Roman von Barry Gifford.
Wild Boys of the Road (Kinder auf den Straßen). USA 1933.
    Regie: William Wellman. Buch: Earl Baldwin.
Wizard of Oz, The (Der Zauberer von Oz/Der Zauber von Oz). USA 1939.
    Regie: Victor Fleming. Buch: Noel Langley/Florence Ryerson/Edgar Allan Woolf, nach einem Roman von L. Frank Baum.
You Only Live Once (Gehetzt). USA 1936.
    Regie: Fritz Lang. Buch: Graham Baker, nach einem Sujet von Gene Towne.

STUDIEN ZUM THEATER, FILM UND FERNSEHEN

Band 1 Harald Buhlan: Theatersammlung und Öffentlichkeit. Vorüberlegungen für ein Konzept von 'Theatermuseum'. 1983.

Band 2 Barbara Stritzke: Marieluise Fleißer. "Pioniere in Ingolstadt". 1982.

Band 3 Meinhard Moschner: Fernsehen in Lateinamerika. Strukturen und Widersprüche einer abhängigen Kulturproduktion unter besonderer Berücksichtigung der Entwicklung in Kolumbien, Peru und Chile. 1982.

Band 4 Michaela Giesing: 'Ibsens Nora und die wahre Emanzipation der Frau'. Zum Frauenbild im wilhelminischen Theater. 1984.

Band 5 Norbert Münnig: Das Theater Schwarzamerikas. Von der Fremd- zur Selbstbestimmung. 1985.

Band 6 Christiane Wedel: Die Theatertopographie des Londoner East End im 19. Jahrundert. 1987.

Band 7 Stephanie Henseler: Soziologie des Kinopublikums. Eine sozialempirische Studie unter besonderer Berücksichtigung der Stadt Köln. 1987.

Band 8 Pia Kleber: Exceptions and Rules: Brecht, Planchon and The Good Person of Szechwan. 1987.

Band 9 Marietta Bürger: Fiktion und Realität im kubanischen Spielfilm der 70er Jahre. 1987.

Band 10 Lorenz Engell: Vom Widerspruch zur Langeweile. Logische und temporale Begründungen des Fernsehens. 1989.

Band 11 Gerda Ehrlenbruch: Die freien Gruppen in der Tanzszene der Bundesrepublik. 1991.

Band 12 Yvonne Spielmann: Eine Pfütze in bezug aufs Mehr. Avantgarde. 1991.

Band 13 Kerstin Mehle: Blickstrategien im Kino von Bertrand Tavernier. 1991.

Band 14 Sabine Gottgetreu: Der bewegliche Blick. Zum Paradigmawechsel in der feministischen Filmtheorie. 1992.

Band 15 Karen Gesierich: Frauenprogramme im bundesdeutschen Fernsehen. 1992. 2., durchges. Aufl. 1993.

Band 16 Joseph Garncarz: Filmfassungen. Eine Theorie signifikanter Filmvariation. 1992.

Band 17 Sheila Och: Lenin im sowjetischen Spielfilm. Die Revolution verfilmt ihre Helden. 1992.

Band 18 Lutz Hennrich: Theater der Jahrhundertwende in der Provinz am Beispiel des Stadttheaters Düsseldorf. 1992.

Band 19 Michaela Krützen: The Most Beautiful Woman on the Screen. The Fabrication of the Star Greta Garbo. 1992.

Band 20 Nadja van Keeken: Kinokultur in der Provinz. Am Beispiel von Bad Hersfeld. 1993.

Band 21 Nicoläa Grigat: Madonnabilder. Dekonstruktive Ästhetik in den Videobildern Madonnas. 1995.

Band 22 Annette Strauß: Frauen im deutschen Film. 1996.

Band 23 Ralph J. Poole: Performing Bodies. Überschreitungen der Geschlechtergrenzen im Theater der Avantgarde. 1996.

Band 24 Götz-T. Großhans: Fußball im deutschen Fernsehen. 1997.

Band 25 Christiane Riecke: Feministische Filmtheorie in der Bundesrepublik Deutschland. 1998.

Band 26 Sabine H. Smith: Sexual Violence in German Culture. Rereading and Rewriting the Tradition. 1998.

Band 27 Angela Vennebusch: Die Neugliederung der deutschen Fernsehlandschaft. 1998.

Band 28 Thomas Kirsch: Brasiliens bewegende Bilder. Die Entwicklung der brasilianischen Film- und Fernsehwirtschaft unter besonderer Berücksichtigung staatlicher Interventionen. 1998.

Band 29 Hildegund Leo: Musik im Fernsehwerbespot. 1999.

Band 30 Steffi Pusch: Exemplarisch DDR-Geschichte leben. Ostberliner Dokumentarfilme 1989/1990. 2000.

Band 31 Christina Bartz: Zur Erzählstruktur der Remaskulinisierung. 2000.

Band 32 Claudia Gäbler: Theater an Ort und Stelle. Eine Analyse des Beziehungsgeflechts zwischen Theaterarbeit und Lebensraum am Beispiel des AGORA Theaters. 2000.

Band 33 Anselm C. Kreuzer: Filmmusik. Geschichte und Analyse. 2001.

Band 34 Angelika Janssen: Deconstructing Woody Allen. Ein amerikanischer Filmemacher zwischen Kunst und Kommerz. 2002.

Band 35 Deirdre Mulrooney: Orientalism, Orientation, and the Nomadic Work of Pina Bausch. 2002.

Band 36 Oliver Meik: *Lola rennt* - aber wohin? Analyse, Interpretation und theologische Kritik eines postmodernen Films über den Menschen und seine Möglichkeiten. 2002.

Band 37 Amelie Soyka: Raum und Geschlecht. Frauen im Road Movie der 90er Jahre. 2002.

Band 40 Claudia Gerhards / Renate Möhrmann (Hrsg.): Daily Talkshows. Untersuchungen zu einem umstrittenen TV-Format. 2002.

Elżbieta H. Oleksy / Elżbieta Ostrowska / Michael Stevenson (eds.)

Gender in Film and the Media

East-West Dialogues

Frankfurt/M., Berlin, Bern, Bruxelles, New York, Oxford, Wien, 2000. 205 pp.
ISBN 3-631-36214-5 · pb. € 33.20*
US-ISBN 0-8204-4752-8

Authored by an international team of academics, *Gender in Film and the Media* responds to continuing debates about representation and gender in cinema and other media, with a particular concentration on the ways in which they may relate to the Central European context since 1989. The emphasis of these essays, on the intersections between social and cultural formations and practices of gender, represents an attempt to move beyond the abstractions of the founding texts in this field, and to ground theoretical reflection in close textual *and* contextual analysis. This book thus also represents the expansion of cultural exchange between East and West since 1989, which has created new and challenging opportunities to rethink the imaging of gender in national and international frameworks.

Contents: Gender Representations · Gender and Nationality · Beyond Gender

Frankfurt/M · Berlin · Bern · Bruxelles · New York · Oxford · Wien
Distribution: Verlag Peter Lang AG
Jupiterstr. 15, CH-3000 Bern 15
Telefax (004131) 9402131

*incl. value added tax, the current german tax rate is applied
Prices are subject to change without notice
Homepage http://www.peterlang.de